「違和感」の日本史

Hongo Kazuto

本郷和人

産経セレクト

S-022

はじめに

ぼくの高校時代のヒーローは、プロ野球近鉄バファローズの鈴木啓示《けいし》投手でした。当時はすでに選手生活の晩年にさしかかっていて若い時分の快速球は影を潜めていたものの、試合を完全に支配し、完投につぐ完投。現役引退の1年前、37歳にして17完投というのだから恐れ入ります。

先発にこだわりをもち、リリーフとの併用を拒絶したことを以《もっ》て、南海ホークスやヤクルトスワローズなどで活躍した野村克也さんは「チームの勝利のために投げられない、わがままな選手はダメだ」と論評しています（当時のもう一人の大エース、阪急ブレーブスの山田久志投手は対照的で、リリーフ登板も積極的にこなしていた）。でも、これは野村さんが間違っているとぼくは思う。

野村さんが名将であることは認めざるを得ません。でも彼が鶴岡一人《かずと》監督以来の用兵を引き継ぎ、何人の投手を酷使し、潰《つぶ》したか。伊藤智仁《ともひと》、岡林洋一、西村龍次《たつじ》……と枚挙にいとまがありません。監督が「チームのためにリリーフを」と要請してきても、「ワシにはワシのスタイルがある」と拒否できる意志の強さこそ、同調ばかりが目立つ最近の日本社会には必要なんじゃないかな。

鈴木投手は1985年7月、選手としては小柄な日本ハムのショートストップ、高代延博さんにホームランを浴びて試合に敗れると、すぱっとユニホームを脱いでしまいました。前述のように前年は17完投して16勝を挙げていたのに、またシーズン中にもかかわらず、です。理由として、打たれても悔しくなくなった、と闘争心の衰えを語っていたように記憶しています。チームのことを第一に考えるなら、これまた批判されるような行動かもしれませんが、いま注目したいのはそこではありません。ファイティングスピリットのありようです。というのは、最近のぼくは、他の研究者が発表する日本史の解釈に、まったく腹が立たなくなったから。

少し前までは、全然違ったんです。後醍醐《ごだいご》天皇の理念は時代を先取りしたものだった（佐藤進一先生）とか、軍事政権としての鎌倉幕府は、奥州平泉攻めを以て成立した（川合康《やすし》さん）とかの見解に接すると、何をとんちんかんなことを言っているんだ、と猛烈に腹が立った。論者の肩書きとか学閥とか、そんなことはおかまいなし。腹が立つから、その怒りのエネルギーを原動力にして論文を書いて、本を出して、かみついた。黒田俊雄先生の「権門体制論」などは、敵としては強大で堅牢ですから、良き敵ござんなれとばかりに闘志を燃やしたのです。ところが、最近、案外どうでもよくなった。まあ、ぼくはぼく。他人は他人だよね。うん、そういう考え方もあるのかなー、と。

ぼくは歴史が大好きだから、歴史をみんなに知ってほしい、歴史学が今後ますます健全に発展していくといい、と切望していました。だから、歴史学に少しでも貢献できるなら、先発でもリリーフでも、がんばってきた（つもり）。そしてその根っこには、闘争心があった。

でも、周囲はぼくの振る舞いをスタンドプレーだという。お前のやってることなんぞ認められるか、と批判してくる。闘争心があるうちは、じゃあ、山田久志タイプから、鈴木啓示タイプに転換すればいいかな、と思っていました（もちろん戦績は、大エースお二人の足下にも及びませんが。まあ、心意気として、です）。ワシはワシのスタイルを貫くだけや、と。

ところがところが。誰も褒《ほ》めてくれない、というのは、思いのほかきついものです（ぼくは自慢ではありませんが、恩師の石井進先生にも、五味文彦先生にも褒められたことがありません）。闘争心はすっかり摩滅し、最近は怒りの炎が立たなくなった。引退を決めた鈴木投手の気持ち、よく分かるなあ……。うんうんこの解釈もアリだな、この見解も一理あるな。ぼくは一人の歴史好きに戻ろう、と思っているのです。

でも、同調を求められると、消え去ろうとしている老兵も「違和感」を覚えます。どう考えても底が浅いのに、仲間を作って「そうだ、そうだ」と盛り上げる動きに接すると「なんかイヤだな」という思いが湧いてくる。その議論は、まず仲間ありき、結論ありきでしょ。純粋に学問的な検討じゃないよね。禅宗の「祖に逢《あ》ったら祖を殺せ。仏に逢ったら仏を殺せ」じゃないけど、忖度《そんたく》は学問の一番の敵じゃないのかな。

こういうのは現実社会では通用しない「青臭《あおくさ》さ」ですね。自分でも理解はしています。好々爺《こうこうや》になりきれず、どうしても「青臭さ」と縁を切れない。愚《おろ》かです。でも、開き直るしかないのかな……。そんな思いから、本書はまとめられています。いまさら拍手も名声も期待できるとは思っていませんが、敗れ去った闘争心の残滓《ざんし》を感得していただければ、これにまさる喜びはありません。

「違和感」の日本史

◎目次

はじめに

第1章　江戸時代に鎖国はなかったのか

第2章　2代将軍が天皇に激怒の「違和感」

第3章　信長の「天下」とは京都周辺だけか

第4章　なぜ西郷《せご》どんは大隈重信を嫌うのか

第5章　「男と女」の立ち位置の行方

第6章　天皇をめぐる歴史の謎

第7章　夏目漱石のワケありな門人たち

第8章 人物を語らない歴史研究でいいのか

第1章　江戸時代に鎖国はなかったのか

先人は疫病にどう対処したか

新型コロナウイルスの勢いが止まりません。さまざまな方面で、甚大なダメージが報告されています。飲食店などは実に分かりやすい。多くのお店が閉店にまで追い込まれているそうです。ぼくも予定されていた講演が軒並みつぶれてしまっていますが、そうした方のご苦労を思えば、何ほどのことはない。何か、ぼくにできることはないかな。そう思っていろいろ調べてみました。それをもとに日本人と疫病の関わりについて、述べていきたいと思います。

すべての歴史は現代史である、という言葉があります。古代史も近世史も、さらにはヨーロッパ中世史でも、ルーマニアの近現代史であっても、すべては日本の現代を映す鏡になる、ということです。

そもそもぼくたちは、鏡を見なければ自分がどんな顔をしているのか、分かりません。また、他人の顔と比較することにより、ぼくの鼻はあまり高くないなとか、その代わりまつげが長くて、目がぱっちりしているな、と自分の顔の特徴を知ることができる。歴史――それは自国でも他国でもよいわけですが――と比較することによって、「ぼくたちの現代」の特徴を把握することが可能になるのです。

それから、特徴を知るときには、「細かく見る」ことと、「大づかみに見る」こと、両方が大切です。おまえ鼻の下が伸びてるぞ、それが別の意味であることは百も承知ですが、日本人の鼻と上唇《うわくちびる》の位置関係はアジアの人、ヨーロッパの人のそれとどう違うとか、その中で日本人であるぼくの鼻と唇はどんな具合か、といった分析的な視点はとても重要ですね。それから、まあそんな細かいことはさておいて、ぱっと見、ぼくはイケメンなのか、残念ながらそうは言えないのか。大ざっぱな観察と認識も大切です。

現在、世界はコロナにひどい目に遭《あ》っている。この病気を「細かく見る」ときに、感染症の専門家の発言に耳を傾ける。これは言うまでもなく大事なことです。でも、それだけではいけない。もっと「大づかみに見る」。ウイルスと日常生活の相互関係を捕捉する努力をすべきだった。

テレビの情報系番組のありようには、率直にいって、不満がありました。緊急事態宣言以前はとくに、専門家といえば、病理の関係者ばかりを集めていた。歴史学者なんでお呼びじゃないですが、なぜ経済学者に発言させないのか。経済が冷え込んだら、収入は減少し、生活が成り立たないのです。『礼記』で孔子は苛政《かせい》は虎よりも猛《もう》なり、といいますが、収入減はコロナより猛なりじゃあないか、とぼくは思ったのです。

ある有識者はテレビで、人命にまさるものなし、と声を大にしていました。そう言うのは簡単です。それから、コロナの致死率がエボラ並みに高ければ、他の何を犠牲にしても、ともかく生き延びることが第一になります。間違いない。でも、そうではない以上、命って何だ、人が生きるって何なんだ、という根本的な問いかけがあってもよかった。たとえば演劇に命を懸ける人が公演の自粛に追い込まれたら、それは生きていることになるのか。忌野清志郎《いまわのきよしろう》さんは歌うことができなければオレじゃあない、と喉頭《こうとう》がんの手術を拒否しました。ぼくにはまねできぬ、強い生き方ですが。

人の命の重さといえば、昭和52（1977）年に起きたダッカ日航機ハイジャック事件において、福田赳夫《たけお》総理は「人命は地球より重い」と犯人側の条件を受け入れて超法規的措置を取りました。このとき総理のリーダーシップを評価することなく、厳しく批判する意見が少なからず表明されたと記憶しています。それから善悪はおきますが、史実として、ほんの100年前の日本では、人命より重いものがたしかに存在したわけです。

今回、ごく僅《わず》かではありますが、日本における感染症の歴史について尋ねられました。そこで調べて明らかになったり、それをもとに考えたりしたことを書いていきたいと思います。

１００年前のパンデミックに倒れた文学者

島村抱月（1871〜1918年）。現在の島根県浜田市に生まれた。東京専門学校（現在の早稲田大学）を卒業後、読売新聞記者を経てヨーロッパへ留学し、早大文学部教授となる。明治39（1906）年に坪内逍遥とともに文芸協会を設立して新劇運動を開始。大正2（1913）年、女優の松井須磨子とともに協会を離れて劇団・芸術座を結成。トルストイの小説を抱月が戯曲化した『復活』の舞台で大成功を収め、劇中歌の『カチューシャの唄』は国民的歌謡第1号となった。だが同7年、スペイン風邪に罹患し急逝。松井は抱月の後を追って自殺、芸術座も解散した（国立国会図書館所蔵）。

人口の増加を阻害する要因として三つが挙げられます。「戦争」と「飢え」。それに「疫病」。疫病の代表はなんといってもペストです。ヨーロッパでたくさんの人が亡くなりました。作家の井沢元彦さんは、信仰に従って敬虔《けいけん》な生活を送っていても無情な死が訪れる。このために神への懐疑が生まれた——と指摘されます。傾聴すべき意見です。ところが、このペスト、日本には襲ってこなかった。なぜなのでしょうか?

大仏建立の背景に天然痘?

ウィリアム・ウェイン・ファリスというアメリカ人の日本史研究者がいます。いま年齢は70くらいになったのではないか（注／1951年1月生まれ）。ハーバード大学で学んだあとに来日して、京都大学や東京大学で熱心に勉強しました。テネシー大学やハワイ大学の教授を務めたあと、夫人の生まれ故郷である南アフリカで悠々自適の生活を送っています。若い頃はケビン・コスナーばりのイケメンで、ぼくは20代後半の1年、彼のチューター（個別指導教官）を務めました。

江戸時代の1両は現代のいくらくらいになるのか。こうした質問をすると、「適当な史料がないから」とイヤな顔をするのが実証的研究者の常です。だからそういう大ざっぱなことは聞かない、スルーするのが研究者相互の暗黙のマナーになっている。ところがファリスさんはそんなものはおかまいなし。「本郷さん、鎌倉時代、御家人は全国で何人いたのか?」「彼らの収入はいくらくらいなのか」。おい、それ聞いちゃうの?的な質問を矢継ぎ早に浴びせられ、ぼくは目を白黒させました。答えを直《じか》に示す史料がないなら、いろいろ工夫して明らかにしようじゃないか。ファリスさんとの1年は、挑戦をくり返す、とても濃厚なものになったことを鮮明に覚えています。

そんなファリスさんが、天平《てんぴょう》年間の天然痘《てんねんとう》の猛威について分析、研究している。日本列島ではやった感染症といえば、天然痘と麻疹《はしか》が代表的ですが、天平の天然痘は北九州から全国に伝播《でんぱ》し、都でも政権を担当していた藤原四兄弟（藤原不比等《ふひと》の子である武智麻呂《むちまろ》・房前《ふささき》・宇合《うまかい》・麻呂《まろ》。聖武天皇の后となった光明皇后の兄たちで、房前の子孫の北《ほっ》家《け》が藤原氏の嫡流となる）が次々に亡くなった。天平9（737）年のことです。

天然痘の蔓延《まんえん》については『続日本紀《しょくにほんぎ》』に詳しい叙述がありますが、残念ながら大流行したことは分かっても具体的な数字が挙がっているわけではない。ファリスさんは『正倉院文書』に残されている当時の正税帳《しょうぜいちょう》を利用し、推論を構築しました。それによると、3年に及んだ天然痘の流行で、当時の総人口の25〜35％、100万人から150万人ほどが亡くなっている、という。すさまじい数です。中世ヨーロッパで猛威を振るったペストは、全人口の4分の1から3分の1の生命を奪ったと伝えますが、天然痘の犠牲者はこれに匹敵するわけです。

この天然痘の一件はいくつかの大事なことを教えてくれます。まず、史料の不備の問題です。井沢元彦さんは日本史研究者が歴史資料に忠実であろうとするあまり、史料に明記されていないものを、史料の欠を補う努力をせず、ただ切り捨ててしまうことに危惧を表明しています。天平の天然痘の例はまさにそれで、たいへんな被害が出たということは指摘されていたが、日本の歴史学はそこまでで足を止めてしまっていた。ファリスさんという一風変わった研究者が注目したからこそ、あくまで推定ではあるが具体的な数字が提起され、ペスト並みの大災害であったことが判明したわけです。

ファリスさんが教えてくれたことですが、人口学の大原則として、人口の増加を阻害する要因が三つあるという。先に述べた「一つは戦争、一つは飢饉《ききん》。もう一つが疫病」だそうです。日本の場合は、武士が争いをくり返していた戦国の世まではほとんど人口が増えていない。戦争は納得できる。また農民は絶えず飢えに悩まされていた。源平の合戦時には養和の大飢饉、鎌倉中期には寛喜の大飢饉、という具合である。だから飢饉も納得。だが疫病はどうだろう。日本にはペストも、幕末にいたるまでコレラも入ってこなかった。列島規模の大流行というのは史料に出てこない。日本は疫病は関係ないのかな？

いや、とんでもない。文字史料だけを受動的に読むのではなく、一歩工夫と考察を進めてみると、天平の天然痘のようなものが姿を現すのです。より注意深く史料を読み込み、地域に残る言い伝え（確度・精度が低いから、と軽視されがち）なども参照しながら、感染症の流行を見つけていかねばなりません。

それからこれも井沢さんが指摘していることですが、ペストによる惨禍は、キリスト教への懐疑を生んだといいます。私たちは神の教えに基づいて慎み深く生きてきた。それなのに、神は私たちを救ってくれないのか。その絶望感が、宗教改革へ、もしくはルネサンスへと連なっていくという。なるほど、大きな視野に立つ卓見です。

その意味で言うと、東大寺の大仏建立の目的の一つが、天然痘の克服にあった、という説は十分にあり得ます。なぜ聖武天皇は、国家予算のすべてを投じて大仏建立に邁進したのか。鎮護国家、ということがいわれるのですが、正直なところ、ぼくの心にはあまり響かなかった。だが天然痘の猛威を確かめてみると、当時の人々は何らかの救いを切望していたのだろうな、とつくづく思うのです。

東大寺大仏

聖武天皇により天平15（743）年に造像が発願された。天平17（745）年から工事が始まり、天平勝宝4（752）年に開眼供養会が実施された。延べ260万人が工事に関わり、平成22（2010）年8月5日付の産経新聞によると、工事費用は現在価格で4657億円に上るという。大仏を造った理由としては、普通は鎮護国家という漠然とした概念が示されるが、天然痘の犠牲になった人の慰霊の意味があったのかもしれない。

神道の穢《けが》れ嫌いは疫病対策か

前項でウェイン・ファリスというアメリカ人の日本史研究者が、天平年間の天然痘について研究したことを書きました。この成果をもとに改めて考えてみると、いくつかの大切なことに思い至ります。今回は神道について述べてみたいと思います。

日本史という学問分野を確立するのに功績があった人物としては、普通は重野安繹《しげのやすつぐ》、星野恒《ひさし》、それに久米邦武《くにたけ》（1839〜1931年）の名を挙げます。久米は佐賀藩士の家に生まれ、16歳で藩校・弘道館に入学しましたが、ここで一つ年上の大隈重信《おおくましげのぶ》と出会って親交を結んでいます。成績は抜群で、のち江戸に赴き、昌平坂学問所で学びました。明治維新後は新政府に出仕し、明治4（1871）年には岩倉使節団の一員として欧米を視察。各国の宗教の様子を学ぶことも、彼の使命のうちでありました。

2年後に帰国すると、太政官の官吏として視察報告書の執筆を任され、明治11年に全100巻の『特命全権大使　米欧回覧実記』を完成させます。また政府の歴史編纂《へんさん》事業を担う修史館（後の東大史料編纂所）に入り、重野らと『大日本編年史』などの編纂に取り組みました。

明治21年に帝国大学教授になるのですが、在職中の25年、雑誌『史海』に論文「神道ハ祭天ノ古俗」が掲載されると、これが今風にいうなら、大炎上。やむなく帝大を辞し、友人である大隈の招きで東京専門学校で教鞭を執ることになりました。以後は同校で古文書学や古代史・中世史を長く担当し、天寿を全うしました。

神道は祭天の古俗、とはいかなる意味か。直訳すると、神道は天を祭る古くさい慣習である、となります。その意味するところは、神道というのは天照大神《あまてらすおおみかみ》ほかの神様を祀る宗教ということになっているが、実態は慣習とかおまじないの域を出ない。キリスト教やイスラム教や仏教などの世界標準の宗教とは性格を異にする、ということです。

いや、すごい主張をしたものだ。万世一系の天皇を戴《いただ》く唯一無二の国、というのが、明治日本が世界に向けて発したわが国のアイデンティティーでありました。その神聖な天皇の祖霊でもある日本の神々は、世界でいうところの神とは別のものだ、と言い切ったわけです。炎上するのも納得で、むしろ、よく帝大辞任で済んだものだ。これが昭和初期だったら、テロの対象になったかもしれません。

けれども冷静に久米の主張を見ていくと、なるほど、と思わせる要素は確かにある。まず神道には聖典がない。旧約・新約聖書、あるいはコーラン、仏の教えを記した仏典にあたるものがない。そうすると、聖典をもととして展開される教義もあり得ない。たとえばキリスト教はギリシャ哲学の影響を受けて、深遠なキリスト教神学を形成していきますが、そうしたものが神道にはないのです。正直なところ、ぼくはそう認識してきたし、逆にだからこそ、日本の神々への畏敬は宗教の自由に抵触しないという論理が生まれるのかな、と考えてきました。

だが、ここに感染症や社会の衛生状況を想起するとどうなるか。天平年間には100万人以上が亡くなりました。天然痘の猛威が収まっても、衛生的に劣悪であったことは変わりない。都には家のない人も多くいました。彼らはもちろん、糞尿《ふんにょう》を垂れ流す。路傍で亡くなる人もいますが、その亡骸《なきがら》は病原菌の巣となる。平安京においては、人々は鳥辺野《とりべの》、蓮台野《れんだいの》、化野《あだしの》などに遺体を集め、火葬していました。だが一方で、鴨川の河原には死体が山と捨てられていて、それは腐敗するばかりだった。そうした状況が、人の健康に良いわけはない。近代以前は幼児死亡率が驚くほど高いのですが、それは得体《えたい》の知れない菌が蔓延していたためでもありました。

そうした中で、神道は「清らかであれ」と教えた。体を清める。心を清める。そして清らかな場所のモデルとして、神の領域としての神社をつくり、維持していた。それは、哲学的な深みとは異なるとしても、学問とは縁遠い日常を生きる庶民には、なにより実践的かつ効果的な教えではなかったか。

スペイン風邪に倒れた大山捨松

1860〜1919年。旧姓は山川。会津藩家老の娘として生まれ、戊辰戦争で会津若松城の戦いを経験する。満11歳にして官費留学生として津田梅子らと渡米。ヴァッサー大学（格式の高い女子大学）で学び、22歳で帰国した。後の陸軍元帥・大山巌と結婚し、セレブとして鹿鳴館などで活発に行動するかたわら、慈善事業や女子教育の実践にも熱心に取り組んだ。夫の巌が死去して2年後、スペイン風邪に罹患して死去（国立国会図書館所蔵）。

清らかな生活を神によって推奨された日本人は、やがて時がたって豊かになると家に風呂を備え付け、シャワーだけではなくて、毎日、湯船につかるようになります。家に入るときには靴を脱ぎ、神社でするように、手洗い、うがいで身を清める。それが日々のマナーになっているからこそ、今回のコロナ禍において、被害が外国に比べて少なかったのではないでしょうか。

「鎖国はなかった」論は妥当か

数学の定理の証明は、よくできているものほど「簡潔で美しい」と聞いたことがあります。長くてだらだらしているものは、内容がない、と。人文系の学問でも同じだとぼくは考えます。いちいちその問いがもつ特殊な条件についてあれやこれやと説明しなくてはならない冗漫な答えは二流、もしくは誤り。すきっとしていて汎用《はんよう》性の高い解答こそが貴いのではないか。

たとえば後述する織田信長の「天下」論。信長の「天下布武」が京都を中心とした秩序の回復を意味するのだとしたら、なぜ彼は上洛後の初めの主敵として越前の朝倉を選択したのでしょうか。室町幕府の方法論としては、京都の安定を図るときには、まずは近江への出兵が試みられています。京都に攻め込む際には、摂津や丹波が兵を集合させるポイントになっていましたから、この地域を平定するのも大切でしょう。あるいは大和、とくに奈良周辺は山城と京に次ぐ「幕府のお膝元」として機能していたから、この地をしっかりと勢力下に置いておくのも効果的だったかもしれません。

でも、そうではなくて、なぜ越前なのでしょうか。朝倉義景は足利義昭の上洛を支援しなかったことでも分かるように、京都には特段の関心をもっていませんでした。侵略マシンとしての信長を想定するなら朝倉攻めは説明できます（織田家の新たな本拠となった美濃の隣国は越前であるから）が、京都の安寧《あんねい》を図るという観点からは、越前攻めの理由を挙げることは難しいでしょう。なんとか説明を付したとしても、それは「簡潔で美しい」ものにはなり得ないだろうし、それをなし得た研究者はいないのです。

本能寺の変もとても良い参考例を提供してくれます。明智光秀は足利将軍家を頂点とする秩序の回復を願っていた。だから、京都を追放されたあとも隠然たる力を有していた足利義昭と連絡を取って、信長を滅ぼしたのだ。そういう解釈があります。

光秀の挙兵を失敗させ、滅亡に導いた第一の要因は何か。これは誰が見ても、秀吉の「中国大返し」の成功だと考えられます。備中高松城を攻めていた秀吉は毛利勢と停戦し、わずかな守備隊を残したのみで急ぎ畿内に取って返した。このとき毛利の陣営では秀吉討つべし、との声もあったそうですが、小早川隆景らが抑えた。これが功

秀吉の協力者、小早川隆景

1533～97年。毛利元就《もとなり》と正室吉川氏の間に生まれた3男1女の末子。鎌倉時代以来の安芸の名族、小早川氏を継承する。兄の隆元の没後は、吉川家を継いだ兄の元春とともに、おいの輝元を補佐した。軍事にも統治にも優れた手腕を発揮した。豊臣秀吉に高く評価され、独立の大名としての処遇を受けるも、自身は毛利家の家臣としての立場を崩さなかった。秀吉の養子であった秀秋を養子に迎え、豊臣政権の五大老の一人に数えられる（東京大学史料編纂所所蔵模写）。

を奏して、後の豊臣政権下では毛利家は厚く遇された（大きな領国と石見銀山の安堵《あんど》、五大老に当主の輝元と隆景の二人が選出）といいます。

では足利義昭は当時どこで生活していたのか。備後《びんご》の鞆《とも》です。生活物資は毛利家から供給されていました。もし義昭が将軍としての発言力や政治力を保有し続けていたのなら、光秀と連絡を密に取って本能寺への攻撃を実現させたのなら、なぜ毛利家に命じて、秀吉を背後から攻撃させなかったのか。あるいは、たとえ少しでも、秀吉のじゃまをさせなかったのか。答えられるでしょうか。できませんね。当時の細かい武家勢力の状況を見ていくとどうの……。それはダメです。物事にはどんなことでも、細かな事情はつきものです。「簡潔で美しく」説明できなければ意味がない。説得力は生まれません。ゆえに、世にいう足利義昭黒幕説（室町幕府復興説でも、呼び方はなんでもいいのですが）は成立しません。

さて、これを踏まえて、本章の本題（やっとかよ、とか言わないでくださいね）。「江戸時代に鎖国はなかった」論を検討してみましょう。イリノイ大学名誉教授のロナルド・トビ先生や立教大学名誉教授の荒野泰典先生たちが口火を切って研究が進み、いま近世史では江戸時代の日本は鎖国をしていなかった、という解釈が力をもっています。高校教科書から鎖国の文字がすでに消えているか、まもなく消える、という状況のようです。

大黒屋光太夫《だいこくやこうだゆう》（１７５１〜１８２８年）という人物がいます。伊勢国は白子港（現在の三重県鈴鹿市）の船乗りでした。天明２（１７８２）年、彼の乗った船は江戸へ向かっていましたが、嵐に遭って難破。遠くアリューシャン列島に漂着します。そこから光太夫は波乱に満ちた行程をたどって帝都サンクトペテルブルクに至り、かの有名な女帝エカテリーナ２世に謁見して帰国を許されます。そして漂流から約９年半後、寛政４（１７９２）年に根室港経由で帰国を果たしました。

彼のその後の人生は、幕府との関わりの中で送られました。幕府は彼からロシアの情報を聞き出しました。屋敷も与えました。結婚もしました。一度は伊勢への帰郷も許されているらしい。けれども光太夫に自由はなかった。彼の動静は常に幕府の知るところとなっていたのです。彼の生活は、以前にいわれていたような軟禁状態ではなかったかもしれない。でも、もう一度くり返しますが、やはり自由はなかったのです。

そこで質問です。なぜ、幕府は光太夫を放っておいてくれなかったのでしょうか。当時の社会が鎖国状態にあったから、という以上に、「簡潔で美しい」説明ができるでしょうか？

「じゃがたらお春」が示す鎖国

鎖国はなかった、と勢いよく説いている近世の研究者に対して、正直なところ、ぼくは強い反発をもっていました。鎖国がなかったならば、なぜ大黒屋光太夫は帰国後に幕府に監視され続けたのだ、なぜ、じゃがたらお春（1625年頃〜97年）は故国を恋い慕っても帰国を許されなかったのだ。鎖国がなかったなんていう研究者は、光太夫とお春に謝れ、と。

光太夫については前項で触れました。最近の研究の進展によると、ロシアからの帰国後に監禁された、というのは言いすぎで、せいぜい軟禁。屋敷を与えられ結婚を許され、それなりの待遇を受けていたことが分かってきました。でも、それは厚遇では断じてない。コロナ対策でマスクを、と政府が言った途端に、マスクをしない自由を認めよ、と大規模デモが起きる自由の国・アメリカであれば、光太夫への対応はとんでもない暴挙として憤激を呼ぶことでしょう。しかし光太夫は「自由より同調」のわれら日本人なのです。それに江戸時代には庶民全般に対し自由が制限されていたわけですから、光太夫だけが外国を見たばかりにひどい目にあった、と強調するのは的外れなのかもしれません。

でもやはり、とぼくは思うのです。光太夫は九死に一生を得て、とてつもない苦労に苦労を重ねて、故国に帰ってきた。当時の幕府だって、それは分かっていたはずなのです。それなのに、褒美を取らせるどころか、元の生活に戻ることを許さなかった。いや、許せなかった。それはやはり、鎖国という祖法があったからじゃないのかな。

じゃがたらお春についても、みていきましょう。彼女は海外交易で栄える江戸時代初期の長崎で生まれました。父はポルトガル船の航海士でイタリア人。母は日本人。同地で暮らしていたところに寛永16（１６３９）年、ポルトガル船の入港を禁じる、いわゆる「第五次鎖国令」が出されました。このときにお春は母と姉とともに、日本を追放され、じゃがたら（ジャカルタ）へと赴いたのです。14歳の頃でした。

このあとの彼女の人生は、詳しくは分かりません。21歳のとき日蘭ハーフで平戸生まれのシモン・シモンセンという人物と結婚。この人はオランダ東インド会社で出世し、お春はゆとりある生活を送って７人の子供に恵まれ、72歳で死去したという記録が残されています。

彼女がその名を知られているのは、ジャカルタから故郷の人々に宛てて書いた「じゃがたら文」が残っているためです。「千《ち》はやふる、神無月とよ」と書きだし、「あら日本恋しや、ゆかしや、見たや、見たや」と結ばれたこの手紙は、年時が書かれていませんが、若き日のお春が書いたものと考えられています。

じゃがたら文は享保5（1720）年成立の史話集『長崎夜話草《やわぐさ》』で初めて世に紹介され、以来お春は悲劇のヒロインとして知られることとなりました。昭和14年にはじゃがたら文をふまえた歌謡曲「長崎物語」が作られ、藤圭子さんや青江三奈さんによっても歌われています。

ただし、このじゃがたら文はあまりに名文すぎた。それで早くも江戸時代から、「ニセモノ」疑惑が取り沙汰されていました。少女がこんな優れた文章を書けるのか、というわけです。たとえば蘭学者の大槻玄沢《げんたく》（1757〜1827年。子供の磐渓《ばんけい》は奥羽越列藩同盟の理論的指導者。その子が『言海』をまとめた文彦）が偽文と断定しているほか、近年の研究はほぼ偽作説で意見が一致しているようです（白石広子『じゃがたらお春の消息』勉誠出版、平成13年）。

じゃがたら文を偽作した嫌疑がかかっている『長崎夜話草』の著者、西川如見《じょけん》（1648～1724年）とは、どんな人か。彼は江戸時代中期に生きた天文学者です。長崎の商家に生まれ、旺盛な研究活動を展開し、一生をほぼ長崎で過ごしています。宝永5（1708）年には『増補華夷通商考』を刊行。これによって南北アメリカの

大槻磐渓

1801～78年。名は清崇《きよたか》。学者一家の大槻家に、蘭学者の玄沢の子として生まれる。父自身は蘭学を学んでいたが、彼を漢学者として育てた。仙台藩の藩校、養賢堂の学頭を務め、幕末期には奥羽越列藩同盟の理論的指導者となった。そのため、一時、監禁生活を送っている。子に『言海』編者として名高い文彦がいる。なお、彼にも感染症との関わりがある。生母を麻疹で亡くし、長男は天然痘で亡くなった。それで文彦らには種痘（注／天然痘の予防接種）を試みている（東京大学史料編纂所所蔵模写）。

存在を、日本は初めて知ることになりました。

あらら。お春さんも実在はしたけれども、悲劇の少女ではなかったのか。でも、それでもやはり、ここでもぼくは思うのです。なぜ、如見はじゃがたら文を創作したのか。やはり彼の時代に「鎖国があった」からじゃないのか。「鎖国がなかった」のなら、お春さんが日本に帰れなかった、というストーリー自体が生まれません。

如見は彼が生活する長崎に伝えられた物語を知り、お春さんを悲劇のヒロインに仕立てたのでしょう。そのときに長崎の出島でのみオランダとの接触が許されるという「鎖国」の存在は、やはり当然「あるもの」であった。そうじゃなければ、「悲劇」は成立しないのですから。

いまの日台と似る中世の日中関係

日本と台湾。多くの人々が相互に訪問し合い、経済的な交流も盛んです。台湾に親しみを感じる、という人はとても多い。けれども、周知の如《ごと》く、日本と台湾の間には外交関係はありません。正式な交わりはないけれども、民間ベースでのおつきあいは活発であるということになりますね。

江戸時代を迎えるまでの日本の海外との交わりは、こうしたものだったのかな、とぼくは想像しています。たとえば中国の王朝との国交は、８９４年の遣唐使の廃止をもっていったん終了した。そのあと両国が国と国とのつきあいを始めるのは、15世紀を待たねばなりません。室町幕府３代将軍の足利義満が応永８（１４０１）年に国交を復活させたのです。でも、それまでに日本と中国が没交渉だったのかというと、そんなことはありませんでした。

平安時代後期から、中国商人はしきりに九州へやってきていました。港町・博多には中国人町があったといいます。博多で考古学に従事しているぼくの友人は、郷土自慢もあるかもしれませんが、「博多の町を掘ってみると、他の地域よりも50年早い文物が出てくる」と豪語します。日本人の知らないさまざまな品物が博多にもたらされ、そこから日本列島各地に運ばれたのでしょう。

そうした物流にいち早く目を付けたのが平家でした。平清盛は大宰大弐《だざいのだいに》（実質的な大宰府の長官）に任官すると、大宰府の後背地で有明海に面する神崎荘（面積３千町という桁外れに広大な荘園です）に拠点を築きました。平家ナンバー２の頼盛は兄・清盛と同様に大宰大弐に任じますが、慣習を破って自ら現地に下向しています。大宰府を掌握していた豪族は大蔵氏でしたが、一族を束ねる原田種直は平家の忠実な家人になりました。このように関係を深めながら、平家は宋とのラインを掌握していったのです。輸入品としては陶磁器、絹織物、薬品などが好まれました。珍しいところだと、麝香猫《じゃこうねこ》、水牛、オウムなどの動物も都に運ばれました。

日本経済を発展させる契機となった品物は、銭貨でした。航海に使われた船はジャンク船、すなわち竜骨を備えていませんでしたので、転覆しないよう、底部を重くする必要がありました。日本から出発するときには立派な材木を重しとして用いたのですが、それは中国大陸で人気商品に早変わり。そこで代替品として帰りの船の底に敷かれたのが、宋銭でした。銭に初めて触れた日本人はその利便性に驚き、このときから13世紀の半ば頃までに、日本列島に貨幣経済が浸透していったのです（ちなみに教科書は日本最古の銭貨として和同開珎《わどうかいちん》などを記しますが、あれは流通していませんので、本当の貨幣とは評価できないと思います）。

室町幕府は先述のように、中国の王朝との交わりを再開しました。海外からやってきた「唐物《からもの》」はたいへんにもてはやされ、日本文化に大きな影響を与えました。室町文化といえば、通常は「わび、さび」を挙げるわけですが、室町人は実は派手な唐物が大好きだったのです。「わび、さび」は唐物に負けまいと、日本の伝統的な概念をさまざまに工夫したところに生まれた美意識でした。ただし、遣明船《けんみんせん》というかたちで船が派遣されたのは21回（後述）。はたしてこれだけで、当時の社会における唐物の大量の需要を説明できるのか、という問題が残ります。

戦国時代にはヨーロッパ諸国との取引が始まります。もちろんこの時代には統一権力などありませんから、交易の主体となったのは大名家です。かたちの上だけでも朝廷、幕府の認可が必要、などということはなく、とくに九州の諸大名は積極的に取り組みました。たとえば、豊後府中＝大分です。これも考古学の成果ですが、大分からはバラエティーに富んだ交易品が発掘されています。チャイナタウンも設けられていたようで、中国人が食べていたブタの骨などが出土しています。戦国大名・大友氏の繁栄は、交易なしには考えられません。

歴史上の人物を取り上げて、彼の生涯とリンクさせて時代の変革を語る。そうすると、「一人の人物が歴史を変えられるわけはないだろう」と同業者から批判を受けます。それはその通りなのですが、海外とのおつきあいにも同様なことがいえるのかもしれません。

つまり外交と、民衆ベースのおつきあいは似て非なるものである。国が正式な交わりをもたなくても、人の行き来があれば、文化は互いに影響し合うし、文物はやりとりされるし、商売もなされる。まして情報はより早く、より簡単に国境を越えていくのではないか。

何をもって交流というか。国家と国家か。人と人か。このあたりの感覚の相違が、いままで見てきた「鎖国はあったのか、なかったのか」論に深く結びついているような気がしています。

島国ゆえに成立した独自性

わが国は「0から1」、従来とはまったく異なる「もの」や「考え方」を生み出すことは、あまり得意ではありません。けれども「1から2」、他国の文物を摂取し模倣し、さらにそこに工夫を加えてオリジナルを超えるクオリティーを創出することにたけています。表意文字の漢字を使いこなし、それをもとに表音文字の「かな」を作り出したのはその好例です。このような学習と工夫が積み重なって、「日本独自のありよう」が築かれていく。長い歳月を経て「ただ一つ」の日本文化が姿を現すのです。そう。良きにつけ、悪《あ》しきにつけ、この国は明治維新まで「日本独自のありよう」を育《はぐく》んできました。それはつまるところ、日本が「島国であったこと」に由来するとぼくは思います。他国から侵略を受けない。中国文明の一員でありながら、過度な干渉は受けない。加えてまずまず豊かな地理的条件にも恵まれた。温帯に位置していて、とりあえずは温暖な気候。しっかり労働すれば、3千万人分の農作物をもたらしてくれる国土。石油は出ないけれど石炭が採れ、金・銀・銅も産出された。そうした諸要素が、いまの日本を形成していると考えられます。

島国であることが歴史の形成に大きな影響を与えた。だからこそ、外交を考えることがとりわけ重要になります。ぼくが「江戸時代の日本は鎖国していなかった」とする最近の近世史の解釈に執拗《しつよう》に疑いをもち、批判せざるを得ない理由がそこにあるのです。

鎖国のことを考察する前に、江戸時代に先行する室町時代の日明貿易について、述べておきましょう。ぼくは前から疑問に思っていました。教科書などの日明貿易の叙述は、整合性を欠いているのではないか、と。それはどういうことか。

室町時代の文化というと、直ちに「幽玄」であるとか、「わび・さび」が想起されます。日本文化の粋とも評価される「枯淡美」がこの時代に創造された、ということですね。それはけっして間違いではない。けれども、もはや定説としてよいと思いますが、室町文化はまずは「唐物好き」、中国からの輸入品が大好きな文化だったのです。たとえばお茶です。ぼくたちはお茶というと「侘《わ》び茶」のことと認識しますが、渋みや静けさを旨とする芸術的なそれは千利休によって完成されたものであり、南北朝時代のお茶は、部屋をカラフルな輸入品によって飾り立てた中で喫する、いわばエンタメだったのです。

幕府による日明貿易（勘合貿易）の開始が、この状況に拍車をかけました。当時の知的エリート層は勘合船がもたらす唐物を競って入手しようとしました。上質な茶器や絵画や工芸品はたいへんな人気を博し、大切に保管されました。水墨画の最高峰に位置づけられた牧谿《もっけい》の絵は中国よりも日本で高く評価され（日本ならではの審美眼といえましょうか）、その優品はすべて日本に存在します。唐物主体のコレクションというと、8代将軍足利義政の「東山御物」が有名です。皇室のご所蔵品は「ぎょぶつ」と読みますが、こちらは「ひがしやま・ごもつ」と発音します。小ネタですが。

こうした唐物全盛の風潮はありましたが、日本古来の美意識もただ手をこまねいていたわけではありません。反撃はやはり、というべきか、日本文化の中心に位置する歌から始まりました。連歌師・心敬《しんけい》は「言わぬ所に心をかけ、冷え寂《さ》びたるかたを悟り知れとなり。境に入りはてたる人の句は、この風情のみなるべし」(『ささめごと』)と主張します。すべてを言い切ってしまうのではなく、不必要なものは取り払う。枯淡の美が提唱されます。またそれを踏まえて、「和漢この境

文化人将軍、足利義政

1436〜90年。室町幕府8代将軍。6代将軍義教の子で、兄の義勝の早世のあとをついだ。彼の将軍在任時に応仁の乱が起きたが、何ら有効な対応ができなかった。ドナルド・キーン氏は「政治的にも軍事的にも無能な将軍」と評するが、彼こそは現代日本人の祖であるとも評価する。最近の小説では門井慶喜《よしのぶ》氏の『銀閣の人』(KADOKAWA)がすばらしい(東京大学史料編纂所所蔵模写)。

を紛らわすこと、肝要肝要、用心あるべきことなり」（村田珠光『心の文』）。和物と唐物の融合が推奨されるのです。室町文化、とくに生活文化としての側面を強くもつ東山文化がここに成立し、その理念は後世に伝えられました。

最後にぼくの疑問を書いておきます。実は明という王朝は、それこそ鎖国、海禁政策をとっていたのです。交易は勘合船に限定されていた。それなのに日本には中国の文物が大量にもたらされ、「唐物好き」が一大トレンドになっていた。これはいったい、どういうことなのでしょう?

膨大な唐物はどこから来たのか

ぼくは長いこと放送大学で日本中世史の番組作りに参加させていただいています。恩師の五味文彦先生にチャンスをいただいたのが1993年。もう四半世紀も前のこと。一番初めに講師として収録に臨んだときはラジオで、ガラスの向こうにディレクターがいるほかはアシスタントもスタッフも、誰もいない。マイクが1本ぶら下がっているだけ。そんな何の反応も期待できない中、42分半から43分で南北朝時代についいて講義せよと言われたのです。

ディレクターに「3、2、1、ハイ！」と合図されたときは、お恥ずかしい話ですが、緊張のあまり足がガタガタ震えました。いま大学はいとも簡単に「コロナ感染を防ぐため、リモートで授業してください」と求めてきますが、甘いとしか言いようがない。リモートで学生に「聞かせる」授業、評価に値する良質な授業がすぐに実施できる教員なんて、そんなにいないと思います。

ラジオの次にテレビで番組を製作することになり、では聴講生の皆さんに面白い映像を届けよう。それで五味先生とスタッフの皆さんといろいろなところを回りました。五味先生の講義つき（もちろん無料。なんとぜいたくな！）で新しい発掘の成果などを見学する。これは本当に勉強になったし面白かった。その中で、島根県安来《やすぎ》市の月山《がっさん》富田《とだ》城に行きました。この山城は山陰地方に覇を唱えた戦国大名・尼子《あまご》氏（元は守護大名・京極氏の守護代だった）の本拠地で、尼子氏が毛利氏に滅ぼされると毛利一門の吉川元春の城となり、その子の広家の時代には俸禄が12万石。関ケ原の後は堀尾吉晴が入城（24万石）。堀尾氏は松江に築城して移り、城としての役目を終えます。

江戸時代前期の1666年、富田川が氾濫し、富田城下に形成された広瀬の町は水没しました。それで、いま発掘してみると、多くの遺物が出土する。その中には青花・青磁・白磁といった中国の焼き物が含まれていました。白磁のお皿には、中国で焼かれたものであるのに「天文」と日本の年号の銘があります。わざわざ注文して、焼いてもらったのではないか、という解釈がなされています。これらを見ると、少なくとも尼子家の上級家臣（有名な山中鹿介《しかのすけ》はその一人）たちは、唐物を日常的に使っていたことが分かります。室町時代は唐物好きの時代なんだねえ、と五味先生が確認するようにおっしゃったのを、いまでもよく覚えています。

さて、その場はそれで納得したのですが、後年、海禁政策のことを知って、不思議に思うようになりました。日本の室町時代に対応する中国の王朝は「明」ですが、この国は国の王様とのみ「朝貢」のかたちで交流をしていた。A国の国王が明の皇帝にご機嫌伺いの使者を派遣する。そのとき、A国国王は明の皇帝に貢ぎ物を差し出し、臣下として振る舞います。すると明の皇帝はA国使者に、よくぞはるばる明の徳を慕ってやってまいった、とお褒めの言葉を賜り、使者の交通費をすべて負担し、貢ぎ物に10倍する品物を送ります。つまり、家臣扱いされることに耐えられるなら、A国にとってはものすごくお得な交流になる。ですのでこれを「朝貢貿易」と言ったりします。

もう少し厳密に言うならば、朝貢した国は明など中国王朝から「冊封《さくほう》」されます。中国皇帝の家臣となることを冊封といい、冊封された国は貢賦《こうふ》（貢献物）と版籍（地図と戸籍）を毎年進上しなければなりません。版籍奉還という明治初年の政策の「版

松江の礎築いた堀尾忠晴

1599～1633年。堀尾氏が居城を月山富田城から松江城に移したときの藩主。堀尾吉晴の孫にあたる。吉晴は早くから羽柴秀吉に仕えて功績があり、佐和山城4万石を領し、豊臣秀次を支えた。徳川家康が関東に移ると、浜松12万石を得た。秀吉死後は家康に接近し、堀尾氏は関ケ原では東軍として戦う。その功により、出雲の国主となった。ただし、吉晴の子の忠氏は早く亡くなり、若年の忠晴が藩主に任じ、祖父の吉晴の補佐を受けた。だが、忠晴は後継者なく病死し、大名としての堀尾氏は断絶した。画に忠晴とともに描かれているのは松村監物《けんもつ》という人物で、堀尾氏の家臣。忠晴の没後、殉死したそうだ（東京大学史料編纂所所蔵模写）。

籍」はここで用いられた言葉です。また冊封された国は中国王朝の元号と暦を用いねばなりません。けれども明の時代には、この原則は厳守されていたわけではないようです。日本の足利義満は「臣　源道義」として皇帝の家臣として振る舞い、交流を行いましたが、元号と暦を用いることはありませんでした。

明の皇帝は限られた者としか、会見しませんでした。その国の王様、王様の使者とのみやりとりをしたのです。その他の者とは意思の疎通を拒絶しましたし、交易も認めなかった。いうなれば、経済的には原則、国を閉ざしていたのです。それが「海禁」政策というものになります。

さて、ここでクイズです。日本から明に派遣される船のことを遣明船と呼びましたが、この明国公認、また、交易を独占していた遣明船。室町時代を通じて、何回くらい明に渡航していたでしょうか？　実は15回なのです。幕府の権威が低下し、幕府の代わりに大内氏もしくは細川氏が派遣したのが6回。あわせても21回。これがすべて。ここで、ぼくは疑問をもたざるを得ません。あれ？　尼子氏の上級家臣も唐物を日常使いしていたんだよね。大名の尼子氏本人ならともかく、上級とはいえ、その家臣に行き渡るほどの唐物、たった21回行き来しただけの交易船でもってこられるものなのかな。とても無理じゃないのかな。室町時代が唐物好きな時代というのは了解したけれども、人々の需要を満たすだけの唐物は、いったいどこからやってきたのだろう?

明《みん》の「海禁」と唐物は矛盾するか

明の皇帝は外国の「王」のみを折衝の相手とした。王の使者は皇帝におみやげ（明の朝廷は当然ながら「貢納」の品と認識する）を持参し、皇帝は「天子の徳」を示すために、おみやげに十倍する物品を使者に下賜《かし》する。

このやりとりは品物に注目すれば、実質的には交易と捉えることが可能で、外国の王は莫大《ばくだい》な利益を期待できる。ただし、明は鎖国にも似た「海禁」政策をとっていたため、王の関与しない交易は一切できない決まりになっていた。ところが日本列島の出土遺物を見ると、室町時代には「唐物」が広範に用いられていて、人々は「和物」以上に「唐物」を愛好していた。「海禁」政策と大量の唐物。両者は矛盾するかのようにみえるが、どう理解すべきなのだろうか。

私はその答えを得るために、史料編纂所の同僚、須田牧子准教授に教えを請いました。須田先生のご教示によるならば、まず１４００年代と１５００年代では、「海禁」政策の厳密さに大きな差異があるそうです。１４００年代には「海禁」が厳しく守られていたが、１５００年代にはかなり緩くなっていた。いや、実にありそうな話ですね。明に入国する船には監視の目が光っていたが、中国の荷を積んで出国する明船は、それなりにあったに違いない。月山富田城の城下町から出土した焼き物などは、こうして日本に持ち込まれたのだろう。確かにリーズナブルな説明です。

さらに須田先生が教えてくれたのですが、日本と明の商人は連絡を取り合っていて、東シナ海に浮かぶ島で落ち合い、商売をしていた。そうした島がいくつかあって、あそこに行けば取引ができる、という情報を商人たちは仲間と共有していた。それで活発な交易が展開されていたそうです。なるほど。

それから、須田先生が熱心に研究している倭寇《わこう》の存在も忘れてはいけないでしょう。いま韓国では国内の親日派を「土着倭寇」と呼んで排斥していますが、その倭寇です。

倭寇の歴史は前期倭寇（14世紀前後）と、後期倭寇（16世紀）の二つに分けられます。前期倭寇は主として北部九州を本拠とした日本人（これに対して後期倭寇は主として中国人）で、朝鮮半島や中国大陸沿岸部を荒らし回りました。１３６８年に朱元璋《しゆげんしよう》（貧しい僧侶から皇帝にまで上りつめた人物）が明を建国しますが、初代皇帝である彼は日本に対して倭寇の取り締まりを強く求めてきます。

この要求を携えた明の使者は九州にやってきますが、その頃の九州では南朝の後醍醐天皇の皇子、懐良《かねよし》親王（征西将軍宮を称した）が肥後の菊池氏の後援を得て、大きな勢力を築いていました。使者を迎えた親王は、自勢力の拡大を目的として明の皇帝から の冊封を受け、「日本国王」を称します。これは中国大陸との交易を視野に入れていた室町幕府にとっては、まことに厄介な事態でした。

幕府は九州の動乱に対処するために、有力者を九州探題に任命して下向させていました。一色氏（中央に帰還した後は有力守護大名となる）が失敗すると、幕府政治で活躍していた今川了俊《りょうしゅん》（貞世。１３２６～１４２０年？）がこの地位に補されました。彼は20年にわたる戦いの末に、なんとか征西将軍宮など南朝勢力を九州から駆逐することに成功。これと並行して、中央では１３９２年、将軍の足利義満が南北朝の合一を実現します。南朝を消滅させた義満は了俊に命じ、倭寇の鎮圧を遂行。その実績をおみやげとして、彼は明から「日本国王」として冊封され、応永11（１４０４）年から、いよいよ日明貿易が始まったのです。

倭寇が朝鮮や中国の沿岸部を侵掠《しんりゃく》する、たいへん迷惑な存在であったことは間違いありません。けれども、そうした略奪行為を通じても、東アジアの情報は確実に日本にもたらされていたわけです。国と国とのつきあい、民と民との接触。唐物の流入、明の海禁政策の実態、それに「民主導」であった倭寇の存在。こうした室町時代の様

日明貿易権を握った大内義興《よしおき》

1477〜1529年。室町時代後期から戦国時代にかけての周防（山口）の戦国大名。永正5（1508）年に上洛。10年後に帰国するまで、幕政を担う。大永3（1523）年、大内船を正式な遣明船として寧波に派遣。これに対して細川家も船を派遣し、両者は寧波で衝突。大内方は細川方の正使を殺害して勝利し、朝貢貿易の利益を得た。こののち、博多商人と結んだ大内氏が日明貿易の主役となる（東京大学史料編纂所所蔵模写）。

子を踏まえて、江戸時代の鎖国について、次項でもう一度考えてみたいと思います。

最後に補足として。日本が明と交易するときに、「唐物」を得るために用意した物品は何だったでしょう。金、銀などの貴金属がまず挙げられます。それから、硫黄も需要があったようです。加えてなんといっても、日本刀、それに扇子などの工芸品が喜ばれたのです。

いまでも中国では、倭寇が村に攻め寄せてくる様子を描いた、芸術性や美術性とは縁遠い絵画が見つかることがあるそうです。貧しげな衣服を着して乱暴狼藉を働く人物は、右手に刀を振りかざしている。そしてなぜか、左手には広げた扇子を持っている。刀に扇子。これが倭寇、すなわち日本人の表象だったのです。戦後の日本人が、出っ歯で背が低く、メガネをかけてカメラを首にぶら下げているスタイルで描かれたのと、同工異曲と言うべきでしょうか。

「鎖国はなかった」はおかしい

ぼくの持論の一つは「日本は一つ、ではない」です。ぼくたちは小学校から、日本は「一つの言語を用いる、一つの民族が、一つの国家を形成して」長い伝統を蓄積してきた、と習います。でもこれは歴史のリアルとはいえない。日本という国号は700年頃から使われますが、「私たちは日本人で仲間だ」という意識は、ずっと後の世でなければ生まれない、と主張しています。

これを鋭く批判したのが、国際日本文化研究センター(京都市)の井上章一先生でした。先生はぼくとの対談に際して、鎌倉時代の元寇を例に出されました。圧倒的なモンゴル軍と対峙《たいじ》しても、鎌倉武士は一人も裏切らなかったじゃないか。武士たちは「オレたちは日本人だ」という意識をもっていたのではないか、と発言されたのです。ぼくは思わず怯みました。なるほどそうした見方があるか、と。その場では有効な反論が思い浮かびませんでしたが、そのあとに、やはり日本人としてのまとまりは希薄である、と改めて考えました。元寇の後に日元貿易が行われたこと、北条本家に近い有力武士までが交易に参加している史実などは、国家レベルで戦争をしているという認識が薄く、オレたちは日本人だという意識もなかったことを物語っていると思うのです。

いま日元貿易と書きましたが、もちろん、日本とモンゴルの間には「国と国」の正式なおつきあいはありません。でも「人と人」レベルの往来はあったし、交易も行われていた。平安後期から博多には中国人街があって、朝鮮半島からも東南アジアからも人がやってきていた。博多はいってみれば「国際都市」だったのだ、と中世外交史の研究者は説き、その認識は広く共有されています。そうした事象が起きるのは、「日本国」とか「日本人」といった輪郭があやふやだからこそ、とぼくは考えます。

そうした認識を踏まえて、江戸時代を見てみましょう。１５９０年、豊臣秀吉によって、日本列島は統一されました。北は陸奥から南は薩摩まで、豊臣政権の強力な支配に服さぬ人や団体は存在を許されない、という状況が現出しました。「日本は一つ」が幼稚ではあっても、ここに生まれたのです。豊臣政権を引き継いだのは徳川政権＝江戸幕府で、文字通りの「公儀」が誕生し、強調されるようになります。そうなると、たとえば伊達政宗が自力でスペインやバチカンに使者を送ったとしても、「公儀」の動向に配慮して、それは「なかったこと」にせざるを得なくなったのです。

こうした状況下、さて「鎖国」はどう捉えるべきでしょうか。ぼくは「鎖国はなかった」とする研究者が拠って立つ広範な歴史認識には、二つの見方があるように思います。

一つ。外交を考察するときに大切なのは、「国と国」よりも「人と人」である。人を媒体として情報が往来しているならば、それは日本列島がグローバルな趨勢《すうせい》から孤立していることにはならない。だから「鎖国」ではない。

二つ。グローバルといったときに、すぐにヨーロッパを想起するのはおかしい。たしかに幕府は次第にヨーロッパ諸国との交流を禁じていったが、中国、朝鮮、琉球とは国際関係を構築していたではないか。日本がアジアの一員であることを忘れてはならない。オランダ以外のヨーロッパの排除を以て「国を閉ざしている」＝「鎖国していた」とするのは誤りだ。

敗戦後の日本は、明治以来の「脱亜入欧」路線を改め、アジア諸国との融和と協力を強調するようになりました。戦後の歴史学の動向もこうした姿勢と無関係ではありません。だから「二」が成立するわけですが、こちらの方面の考察は、いまは措《お》くこととします。

ここで妥当性を勘案したいのは「一」です。歴史の担い手は一人の建国の英雄ではない。権力者でもない。多くの名も無い庶民である。戦国の三英傑や武将にライトが当たるたびに、学界からはこうした批判が、しばしば「上から」発信されます。もちろん、それは間違いではない。歴史は社会の基盤から「下から上に」言及されていくべきだ、とぼくも考えています。いやしかし。だからといって、幕府自体の動向を軽視してよいことにはなりません。とくに庶民が地域を支配する「藩＝大名権力」の存在を認識し、また藩の上部に位置する「公儀」の存在を認識していた江戸時代におい

政治判断に翻弄された支倉常長《はせくらつねなが》

1571～1622年。伊達家家臣。600石取り。慶長18（1613）年、月ノ浦（石巻市）を出航。メキシコを経由してスペインに到着し、慶長20（1615）年に国王フェリペ3世に謁見した。同年、ローマ教皇パウルス5世にも謁見。数年にわたりヨーロッパに滞在したが、彼が望むような通商交渉はまとまらず、元和6（1620）年に帰国した。当時すでに江戸幕府はキリスト教禁教令を出していたため、主君の伊達政宗から褒賞を与えられることはなかった（東京大学史料編纂所所蔵模写）。

ては、やはり幕府の判断や動向はとてつもなく重いのではないでしょうか。

今回、コロナのことがあり、日本列島と感染症の歴史を見直しました。このときに改めて痛感したのは、日本が島国であること、でした。最悪の感染症であるペストはヨーロッパで猛威を振るうのみならず、中国大陸でも多くの犠牲者を出し、元が滅びる原因の一つとなりました。しかしペストは日本にはやってきていないのです。古代に天然痘が上陸して以来、幕末のコレラまで日本には恐るべき感染症はやってこなかった。もちろん、天然痘と麻疹によって日本人は苦しめられたのですけれども。

この史実を見ても、ぼくはやはり、「人と人」の往来には一定の限界があるように思うのです。「国と国」の外交が後援してこその「人と人」。となると「鎖国はなかった」はおかしい。コロナの流行から発想しても、ぼくはそうした意見にならざるを得ません。

第2章　2代将軍が天皇に激怒の「違和感」

黄門さまの「南朝正統論」

あるテレビ番組から「すごいと思われる徳川家の人々」を7人挙げろ、というアンケートをいただきました。それに基づいて番組を作るというのですが、その後の話を聞かないので、どうなったのかな。少し前のことだから、無事に番組ができて放映されたのか、それともボツになったのか。ぼくはよく知らないのですが、さてこの質問、あなたなら誰を挙げますか？

まあ、普通にやれば「第1位　徳川家康」は堅いのですけれど、それじゃあ、テレビ番組としては面白くありませんね。とくにぼくは、とりあえず歴史研究者ですから、「おお、そうきたか」という人物を挙げなくてはならないでしょう。とまあ、テレビ局の意向を忖度して神君・家康公は1位にはしませんでした。でも、この人は仕方がない。

第1位　徳川光圀《みつくに》！

初代の水戸藩主は徳川家康の末子である頼房。その子として2代目の水戸藩主になった人です。歴史を学問として本格的に研究した初めての人物、というと言いすぎですが（中世にも『愚管抄』の慈円や『神皇正統記』の北畠親房らがいるので）、光圀が始めた『大日本史』の編纂は、水戸藩の事業として二百数十年継続し、明治時代に完成しました。神武天皇から後小松天皇まで（厳密には南北朝が統一された１３９２年まで）１００代の帝王の歴史を記します。全３９７巻。私たち東京大学史料編纂所は『大日本史料』という史料集の編纂事業を根幹の業務としていますが、その大先輩にあたるのがこの『大日本史』ですので、史料編纂所の禄《ろく》を食《は》んでいる私といたしましては、第1位はやはり黄門さまか、と。

　黄門さまというとお供の助さんと格さんを従えた全国漫遊なのですが、史実としては全国どころか、鎌倉くらいしか行ってません。あとは国元の水戸と江戸の行ったり来たり。助さんのモデルは佐々宗淳《むねきよ》（通称は介三郎《すけさぶろう》）、格さんのモデルは安積澹泊《たんぱく》（通称は覚兵衛）、ともに水戸藩士で学者です。安積はいま「あさか」と読んでいますが、漫遊の格さんは「渥美格之進」ですよね。だから、「あづみ」と読んだのかもしれません。

　テレビでは格さんが印籠《いんろう》を出して「こちらにおわすは、前《さきの》中納言水戸光圀公にあらせられるぞ」と獅子吼《ししく》しますが、厳密には間違い。大臣になった人が「公」。大納言、中納言、参議は「卿《きょう》」、だから「水戸光圀卿」が正しい。それから「黄門」は「中納言」の中国風の言い方です。中国というと、光圀は明の遺臣である朱舜水《しゅしゅんすい》を庇《ひ》護《ご》して儒学を学びますが、あるとき朱老師がラーメンを作って光圀に食べさせた。だから彼はラーメンを食べた日本人第1号、という話もあるのですが、どうも室町時代の禅僧が、ラーメンをすでに食べていたらしいです。まあ、これは小ネタですが。

水戸光圀は尊皇家である、ということになっています。もしも幕府と朝廷が戦うようなことになったら、水戸徳川家は朝廷にお味方せよ、と言ったとか。でもこれに疑義を呈されたのが、尾藤正英先生。東大における山本博文さん（史料編纂所教授、専門は近世史）たちの指導教官です。

『大日本史』は天皇が京都と吉野に二人いた南北朝時代について、「南朝こそが正統」という立場を打ち出しました。これが何を意味するか。実は南朝が正統の天子であるから、その南朝が1392年に北朝にのみ込まれることにより、正統の天皇は滅びたのだ。つまり、いま（光圀の時代）京都にいる天皇は「ニセモノ」である。それが光圀の真意だと尾藤先生は言われるのです。当然、朝廷と幕府が戦ったら、水戸徳川家は宗家の幕府に味方することになりますね。

この論文は、いまだに反論が出ていませんので、近世史では認められているんじゃないかな。とすると、幕末の「尊皇」思想の根源になったのが水戸学であることはいうまでもないから、光圀の考え方との関係性は如何《いかん》、ということになります。そこで、

「尊王攘夷」の旗手、藤田東湖

1806〜55年。幕末の水戸藩士。藤田幽谷の子で、後継者。水戸学の大家として著名であり、全国の尊皇志士に大きな影響を与えた。安政の大地震に際し、老母を救おうとして圧死する。勝海舟は彼のことを「学問もあるし、議論も強く、また剣術も達者（神道無念流）で、ひとかど役に立ちそうな男」「でも国を思う赤心がないから大嫌い」と評している（東京大学史料編纂所所蔵模写）。

西郷隆盛の師匠格として有名な藤田東湖《とうこ》のお父さん、藤田幽谷《ゆうこく》という人に注目することになる。この人が強く「尊皇」を打ち出し、それが水戸藩の主流の考え方になった。だから光圀の水戸学を前期水戸学、幽谷からの「尊皇」と「攘夷」の理論的なバックボーンとなった水戸学を「後期水戸学」と呼んで区別しています。

「公武合体」と「尊皇攘夷」

最近ネットの記事で、若い研究者の方が「公武合体」と「尊皇攘夷」とは対立的な概念ではないのだ、私はそれを明らかにした、と力説されているのを読みました。あれ?とぼくは首をかしげました。それって、もう司馬遼太郎の昔から指摘されていることではないのかな?と。

天皇や朝廷を敬う「尊皇」。それは幕末の人々の間では、広く共有されていました。「尊皇」は当然だが、その旗頭としての徳川将軍家を支持するのが「佐幕」。いや徳川幕府はけしからんというのが「倒幕」の立場で、倒幕も平和的なやり方（大政奉還につながる）と「武力倒幕」とがある。西郷さんが最後までこだわったのが、「武力倒幕」です。

　こうみていくと「公武合体」、すなわち朝廷と幕府が一体となって国難に立ち向かおうとする考え方は、「武力倒幕」とはさすがに相いれないでしょうが、平和的な「倒幕」とならば折り合うことができます。たとえば皇族と密な関係を保った徳川家が、天皇を奉じて大統領とか後の総理大臣のように政治の第一線で働く。たぶん徳川慶喜《よしのぶ》は大政奉還を行った上で、このかたちでの生き残りを模索していたはずです。

「攘夷」もまた、いってみれば「国是」でした。圧倒的な欧米列強の力に屈せず、日本人が自立する。このとき、やみくもに外国人と見れば斬りつける（たとえば通訳のヒュースケン殺害事件とか）というのが「野蛮な」攘夷です。それに対し、いったんは外国とつきあって力を付け、しかる後に国を強くし自立、という「柔軟な」攘夷もありました。尊皇の志士たちははじめ「野蛮な」攘夷の狂気に身を委ねる傾向にありましたが、次第に列強の経済力・軍事力を理解し、「柔軟な」攘夷に転換していきました。明治政府がうたった「和魂洋才」はこの立場です。

　何という作品のどのあたりか、たぶん伊東甲子《かし》太郎との訣別《けつべつ》あたりと記憶していますす。正確には忘れましたが、司馬先生は、新選組局長の近藤勇に「私も尊皇攘夷を旨として行動している」と語らせています。それくらい「尊皇攘夷」は当時の人たちに広く共有されていたスローガンでした。

言うまでもなく、「尊皇」と「攘夷」は元来は別の概念です。どちらも水戸学から生まれ、「日本の国を愛し、日本の国の中心にある皇室を敬愛し、日本に仇《あだ》なす外国を打ち払う」というかたちでまとめられました。そのことも水戸学によってなされたので、当時の人々が水戸学を重んじることはたいへんなものだったのです。

このことを確認しておかないと、明治政府が「南朝が正統である」と定めたことが分からなくなる。どう見ても、明治天皇は北朝の子孫です。それに朝廷においては、北朝が正統であることはいちいち断る必要もないくらい、「当たり前」のことだった。朝廷で作られたさまざまな歴史の書物や、上級貴族の職員録である『公卿補任《くぎょうぶにん》』などは、すべて北朝を基準に記されています。南朝のことは、併記されないどころか、参考としても触れられない。それでも明治政府は「南朝＝正統」説を採った。まさに「歴史は人が作るもの」だったのですね。

疑問があります。このように幕末維新期の世論をリードしていた水戸藩が、なぜ明治新政府に人材を送り込んでいないのでしょうか。その答えはたとえば吉村昭さんの名作『天狗《てんぐ》争乱』（新潮文庫、大佛《おさらぎ》次郎賞受賞）などに描かれた、天狗党と諸生党の戦いによって、有為な人物がみな死んでしまったからだと思います。

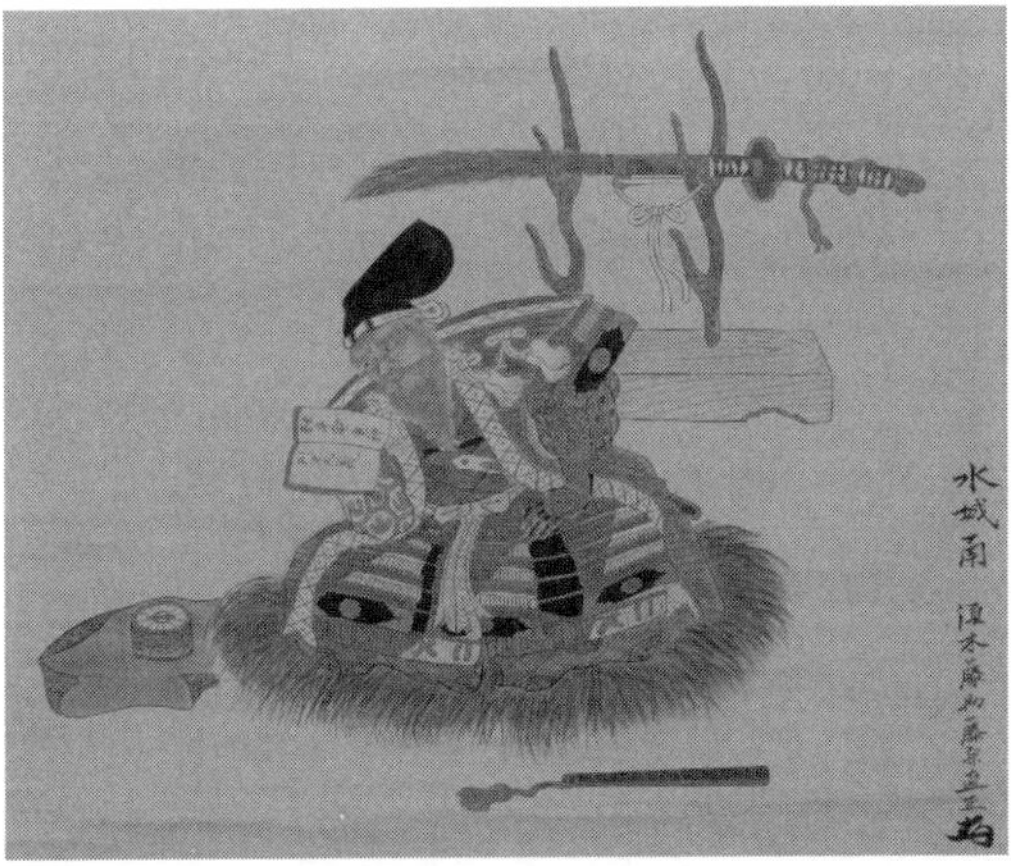

武田耕雲斎

1803～65年。幕末の水戸藩士。藩政に参画し、徳川斉昭を支える。斉昭の死後、各派閥をまとめようとするが、藤田小四郎（東湖の子）の願いを容《い》れて天狗党の首領になり、敦賀で処刑される。享年63。彼の処刑と時を同じくして、水戸では一族が女性、子供関係なく処刑。孫娘のとしは11歳。七男、金吾は3歳であった（東京大学史料編纂所所蔵模写）。

天狗党は武田耕雲斎《こううんさい》を首領とする過激な尊皇攘夷派。一方の諸生党は水戸藩の門閥派を中心とするグループ。両者の戦いは熾烈を極め、水戸周辺で敗れた天狗党は西上するものの加賀藩に投降。敦賀の鰊《にしん》蔵に糞尿垂れ流しのまま監禁されるなど酸鼻を極める扱いを受けた後に、３５０人以上が処刑されました。この事件と関係の深いあの「安政の大獄」ですら、処刑されたのは20人に満たないのですから、その苛烈さがうかがえます。一方、明治新政府軍が優勢になると今度は諸生党が追い詰められていき、戊辰戦争のさまざまな戦場で主だったメンバーが死んでいきました。

天狗・諸生の乱で悲惨だったのは、両者が憎み合い、非戦闘員である家族までを惨殺したことです。罪もない女性や子供が多く殺され、両者の憎しみは容易には解けぬものとなりました。実はその記憶が生々しくて、水戸では客観的な立場からの幕末史が編纂できない、といわれたほどでした。ぼくが史料編纂所に入って10年ほどだから、20年ほど前の話ですね。いまはもう違うといいのですが。

歴史叙述に「物語」はなくていいのか

先述したテレビ番組の「すごいと思われる徳川家の人々」というアンケート。ガチの歴史番組ではありませんので、そこはいろいろ「忖度」して答えましたが、第2位に推《お》したのは、徳川家茂。第14代将軍です。なぜこの人かというと、いわば「人間力」。幕末の公武合体の動きの中で、孝明天皇の妹君である和宮《かずのみや》が家茂のもとに輿入《こし》れした。和宮は「京都を離れて江戸に行くのは絶対にイヤ」と拒絶の意思を明確に示していたのですが、周囲の「大人の事情」でやむなく江戸に東下。でも、この結婚に救いがあったのは、夫婦となった家茂と和宮が仲むつまじかったことです。家茂さん、とてもいい人だったのでしょうね。

あのくせ者の勝海舟も、家茂には強烈な忠誠の念をもっていた。江戸の旗本・御家人からの支持も絶大だった。一方で最後の将軍、徳川慶喜は人気がなかった。このあたりがとても面白いところで、慶喜は「神君家康公の生まれ変わり」とうたわれるほどの器量人だった。家茂はというと、彼が優秀だとか、こんな特技をもっているとかの話はまったく見当たらない。

これはまさに「将軍など、上に立つ者の資質」を示す良い事例です。ぼくは詳しくは知りませんが、欧米の企業トップは、なにしろ「抜群に優秀でべらぼうに働く」イメージがある。自分に厳しいけれども他人にも厳しい。企業成績に応じて、目の玉の飛び出るような高額の報酬を受け取る。このスタイルはなかなか日本には受容されなくて、わが国では「存在を感じさせない」マネジメントやトップが理想とされますね。

家茂と慶喜の関係は、日本的な特徴そのものかもしれません。

それから、家茂と慶喜は「一人の人間と時代の趨勢」ということにも示唆を与えてくれる。なぜ江戸幕府が倒れたかというと、端的にいえば「クロフネ」が来たからだとぼくは認識しています。日本列島の外部には、とんでもない力をもった勢力がある。このままでは日本は彼らのいいようにされてしまう。多くの人がそうした危機感を共有し、今のままではダメだ、今のままの政治権力では国が滅びる、と認識したからこそ、時代遅れとなった幕府から急速に人心が離れた。こうした状況にあっては、将軍が家茂であろうが、英邁《えいまい》な慶喜であろうが、幕府の滅びは回避できなかったでしょう。「一人の人間」が歴史を変える、ということは難しいのです。

だけど、ぼくは「歴史に物語はいらない」という考え方には賛成できません。歴史が求めるもの、時代の趨勢は科学的に分析できます。名もない多くの人間の願いや望みが、そうした趨勢を形成することも認めます。けれども、それが常に美しいとは限りません。正しいか否かではなく、美しいか否かです。

中島三郎助（1821〜69年）という幕臣がいます。浦賀奉行所の与力を務め、誰よりも早くペリーの黒船を見た人物です。そのときの衝撃がその後の彼を突き動かしたといってよい。三郎助は船のことを学び続けました。幕府が長崎に海軍伝習所を創設した際には、第1期生として入所し、若き俊秀にまじって造船学・機関学・航海術を修めました。彼はけっして才気あふれるという人ではなかったようで、勝海舟からは軽く見られていたフシがあります。

幕府の海軍で地道に仕事をしていましたが、戊辰戦争が勃発すると、海軍副総裁・榎本武揚《たけあき》らと行動を共にして箱館に渡ります。箱館政権（蝦夷共和国）では、箱館奉行並《なみ》、砲兵頭並を務め、戦時は本陣前衛の千代《ちよ》

悲運の将軍、徳川家茂

1846〜66年。第14代将軍。はじめ紀州藩主。13代家定の後継を一橋慶喜と争い、13歳で将軍となった。諸外国からの圧力と攘夷を強硬に迫る朝廷との板挟みになり、苦悩する。ただし、義兄となった孝明天皇からの信任は厚かった。大軍を率いて上洛した第2次長州征伐の途上、大坂城で病に倒れ（脚気《かっけ》）、そのまま没した。享年21（東京大学史料編纂所所蔵模写）。

ケ岱《がだい》陣屋を守備し陣屋隊長として奮戦しました。箱館市中が新政府軍に占領された後、新政府軍からの降伏勧告を拒否。五稜郭降伏2日前に、同陣屋で戦死しました。

長岡の河井継之助、新選組の土方《ひじかた》歳三、剣客の伊庭《いば》八郎。彼らは「ラスト・サムライ」と呼ばれることがあります。中島もその一人。彼に世の中の動きが見えていなかったとは思えません。新しい世で自分の船についての技術や知識が役に立つことも、おそらくは分かっていた。でも、彼は「サムライ」としての節義に殉じた。

彼の生涯は明治維新には役立たなかったかもしれない（ただし、彼の遺児である中島與曽八《よそはち》は海軍機関中将になっています）。しかし時代の動きに関係ないからといって、彼を知る必要はない、というのであれば、日本史という学問はとても味気ないものになってしまうような気がします。

なぜ秀忠は後水尾天皇に怒ったのか

「すごいと思われる徳川家の人々」アンケートの3、4位は家康、秀忠としました。まあ神君・家康は本来は1位に推すべき人であるし、秀忠がただの「実直な2代目」

でないことは少し事績を調べればすぐに分かります。なにしろ福島正則の広島藩をはじめとする西国の雄藩を次々に取りつぶしたのも、徳川一族の松平忠直、能吏《のうり》の本多正純を失脚させたのもこの人です。直接に切腹させたのは3代の家光でしたが、実子の駿河大納言・徳川忠長に蟄居《ちっきょ》を命じ、破滅を決定づけたのも大御所・秀忠でした。彼は果断に動き、内戦・内乱を未然に防ぎ、江戸幕府ひいては日本列島に安泰をもたらしたといえます。

ただ、どうにも分からないのがこの人の内面です。秀忠のイメージとしては、自由闊達《かったつ》とか豪放、もしくは放埒《ほうらつ》などはなく、実直・律義・きまじめといったものが挙げられます。これはおそらく奥さんとの関係性に由来すると思われます。ご存じの通り、秀忠の正室は淀殿の妹、崇源院（お江《ごう》さん）。バツ2、子あり、6歳年上のこの女性を、彼は終生大切にした。他の女性との間に子をなしたことはただ一度、しかもその子（保科《ほしな》正之）を認知しなかったという徹底ぶり。一夫一婦が当然の現代ではないわけで、天下人たる信長・秀吉、父の家康の周囲にはたくさんの女性がいた。いってみれば「何でもあり」のサル山のボスが1匹のメスだけを尊重したという話ですから、「あり得ない！」と総ツッコミが入るところでしょう。

これに関連して、ぼくが最近、うーん、分からんと首をかしげているのが「およつ御寮人《ごりようにん》事件」といわれる一件です。秀忠は家康の発案による五女・和子《まさこ》入内《じゆだい》を実現すべく、嫁入りの手はずを整えていました。ところがそこに、和子さんの夫君となるべき後水尾天皇が典侍を務める「およつ御寮人」との間に子（1男1女）をなしていたというニュースが飛び込んできた。秀忠は激怒し、およつさんの実兄である四辻季継《よつつじすえつぐ》ら6人の公卿《くぎよう》を処罰（配流、出仕停止）したのです。元和5（1619）年のことでした。

研究者の皆さんはあまり不思議に思っておられないようですが（いや、とっくに納得済み?）、これいろいろとおかしくありません？　だって、典侍という存在は天皇と男女の関係になるのが歴史的に「当たり前」なのです。事件当時、天皇は24歳と若々しいのですから、子供だって生まれるでしょう。セレブは自由な恋愛を旨とする『源氏物語』を文化の枠として愛読していて、しかも当時は長子相続ではない。和子さんが将来産むであろう男子を嫡子《ちやくし》とし、次代の天皇にすればよいだけの話。それでなぜ、秀忠は激怒するのか。

解釈Aとしては、ともかく秀忠と幕府は、朝廷に打撃を与えたかったのだ、虎視《こし》眈々《たんたん》と機会をうかがっていたのだ、とする。それで重箱の隅をつつくように、天皇とおよつさんの関係にいちゃもんをつけ、幕府から朝廷へのマウンティングを敢行した。

2代目将軍、徳川秀忠

母は西郷局。秀忠が生まれてから5カ月後に兄の松平信康が切腹している。そのため、子供の頃から徳川家の長子＝後継者として扱われる。兄に松平（結城）秀康がいるが、家康は彼を自分の子として認めていなかったようだ。関ケ原の戦いに間に合わなかったのがトラウマになって、立花宗茂・丹羽長重ら武勇の士を好んだとされる（東京大学史料編纂所所蔵模写）。

徳川家は時にムチャクチャな理由で非を言い立てることがあります。たとえば関ケ原のとき、上杉謀反からの会津征伐。それから大坂の陣の発端となった方広寺の鐘銘（国家安康）事件。そうしたお家芸の一つがこの事件。この解釈に従えば、秀忠は実は激怒してなどいない。たぶんニヤニヤしながら、公家を追い詰めた。ここから導き出されるのは、「ブラック秀忠」像ですね。

もう一つの解釈Bは、本当に秀忠は激怒した説。その中身はさらに二つあり、B1が先述した「きまじめ・秀忠」像を補強する説です。浮気なんて言語道断！　俺の娘を泣かせるな！と秀忠は考えたとする。これ、もちろん、現代なら説得力十分です。でも先述しているように、当時はこの考え方はない。一人の妻を愛した黒田官兵衛みたいな人はいますが、こういうタイプの多くはキリスト教に影響を受けています。でも、秀忠はキリスト教を毛嫌いしている。

「一夫一婦」は当時の世間の常識とは異なる。となると、秀忠はマジメはマジメなんだけれど、自分の主義主張をむやみに人に押しつけるヤツ、ということになる。おろかな専制君主のパターンですね。うーん、ぼくの想像する秀忠は、相当に賢いイメージなんだけどなあ……。

それで、Bではあっても、ちょっと異なる解釈、B2が出てきます。でも、その妥当性は自分でも？？　どこまで説得力をもつか自信がない。そのあたり、東大史料編纂所の同僚、近世の研究者に聞いてみます。

初期の江戸幕府は朝廷を見下していた？

くり返しますが、ぼくは「およつ御寮人事件」をどう考えるべきか、と自らに問いました。徳川秀忠の娘の和子さんが後水尾天皇の妃となる準備が進められていた。ところが、天皇はすでにおよつさんという女性との間に子供をもうけていた。「けしからん！」と秀忠は激怒して関係する貴族たちを処罰した。これが「およつ御寮人事件」。

でも考えてみると、およつさんは典侍の職にあり、これは天皇と男女関係を結ぶのがむしろ普通。加えて「初めての子が皇位の後継者」というルールはないのだから、およつさんとのあいだに子ができても、秀忠の孫である皇子が立太子《りったいし》すればいいだけの話。なんで秀忠は怒るの？という疑問が生まれる。

そこでA、秀忠は本当は怒ってない説。幕府は朝廷にダメージを与えたくて、機会をうかがっていた。それでチャンス到来とばかりに朝廷たたきに出たと解釈する。

これについて史料編纂所の同僚に尋ねてみました。すると、違うだろう、との意見が返ってきました。当時の幕府は朝廷と仲良くやっていた、というのが最近の近世史の多数派の見方だそうです。だからいまさらマウンティングはない。

となると、B、秀忠は本当に怒っていた説になります。でも、一夫多妻が常識の時代です。倫理的な観点から、天皇も一夫一婦であるべきだ、と思っていたとは考えにくい。

そこで徳川家からヨメをもらっている事例を思い出してみました。たとえば家康の長女・亀姫は奥平信昌《のぶまさ》に嫁ぎますが……あ！　信昌には側室がいない。まあ信昌は徳川の家臣だからなあ……。いやいや、秀忠の次女・珠姫《たまひめ》を妻にした加賀百万石の前田利常。彼も、珠姫が健在なうちは側室がいない。そうか、見えてきたぞ。

井伊直政の妙な事例もご紹介しましょう。直政は家康の養女である正室・唐梅院にすごく気を遣《つか》っている。男女関係にあって男子を産んだ女性がいたのですが、彼女を城内（直政は上州高崎の殿さま）に入れない。子供にも会わず、認知しなかった（のち、この子が井伊家の隆盛を築く直孝になる）。なんでそこまで。ぼくは唐梅院はもとは「家康の愛人では説」を採っていたのですが、そこまで考えなくても、養女、で十分なのですね。家康さま絶対、の直政は、養女である彼女に頭が上がらなかった。

というわけで、一つの仮説。徳川家からヨメをもらった場合、彼女をことのほか大切にするのが当時の常識。彼女が子供を産んでくれるなら、ほかの女性と関係をもつのは謹んで遠慮すべきだ。

うん。この仮説は納得できます。そうすると、秀忠は「なに？　私が大事な娘を嫁入りさせると言ってるのに、他に女性がいるだと。子までなしたと。和子の立場をないがしろにするとはなにごとか！」と怒ったことになる。父親なら分かりますよね、この気持ち。たしかに相手が大名家なら、これでいいわけです。でも、朝廷です。至尊の位にある後水尾天皇です。それで怒れるのかな？

だけど史実として秀忠は怒っちゃった。なおかつ、貴族たちを処罰した。ということは、秀忠にとっては天皇はそれくらいの存在だった、ということになるのではないでしょうか。もう少し学術的に言うと、「およつ御寮人事件」は幕府が朝廷を脅威とは見なしていない傍証になる。当時の幕府は朝廷を見下していたということです。

うーん、これはこれで、最近の近世史の潮流である「幕府と朝廷は仲良くやっていた」とはズレるような気がするな。近世史の研究者は朝廷の地位を高くみているけれども、これは再考する余地があるんじゃないのかな。中世での朝廷研究（ぼくもそれに従事する一人ですが）を参考にすると、①朝廷まわりはなにしろ史料が効率的に残っているので、研究がやりやすい。②今まで近世史研究は村落の分析が主流だった（中世史だと幕府研究が主流だった）ので、各研究者がアイデンティティー確立のためにも、朝廷研究に飛びつく。③人間の悲しいさがで、自分が研究しているものを大きく捉えたがる。とまあ、こうした感じで朝廷の地位が実際より高く見積もられているのでは、と

徳川秀忠と江戸城天守

江戸城の天守閣は2度建て替えられている。初代が家康天守。2代が秀忠天守。3代が家光天守。家光と秀忠の確執は知られるが、秀忠も父への鬱屈を抱えていて、それが天守閣の建て直しとして表現されるのだろうか。家光天守が明暦の大火で焼けると、秀忠の子の保科正之の献策により再建されなかったことはよく知られている（東京大学史料編纂所所蔵模写）。

いう疑いは容易に浮上します。

中世史研究者であるぼくがこう指摘をすると、「部外者はすっこんでろ」と嫌悪されるわけですが、じゃあ「およつ御寮人事件」をちゃんと説明してよ、という思いは正直あります。

「大胡の牧野氏」とは何者か

見てくれが悪いのはいやというほど自覚しているので、性格では好印象をもたれたいと願い、努力もしているつもりです。その一環として、依頼していただいた講演はなるべく快くお引き受けするようにしています。ぼくの話を聞くことで日本史好きな方が一人でも増えれば、研究者としてはこんなうれしい話はありません。

この講演、研究発表とは違う。調べてきた歴史的な事象について、ただ平板に話せばよいというものではありません。起承転結とはいかぬまでも、聴衆の皆さんに「おー」とか「へー」とか言ってもらう、「聞かせどころ」を用意しなければならない。でも、ぼくは長いこと日本史研究に従事していますので、そんな講演ネタをいくつかはもっています。

いやしかし先日の講演には往生しました。「大胡《おおご》城と牧野氏」というタイトルで話してくれ、というんです。こうしたネタは多少は融通が利くのが普通なので、安易に引き受けてしまったのが間違いでした。上野《こうずけ》の大胡（現在の群馬県前橋市大胡地区）というと……。たしか剣聖・上泉《かみいずみ》伊勢守信綱は確実な歴史資料だと「大胡武蔵守秀綱」と出てくるんじゃなかったっけ。『寄生獣』『ヒストリエ』の岩明均先生の『剣の舞』という名作もあるし。彼のことを話してよいですか？「いえ、あくまでも牧野氏で」。はあ。譜代大名の牧野氏というと、越後・長岡城主として栄えますよね。司馬遼太郎先生の『峠』に言及しながら、幕末の北越戦争と牧野氏はいかがですか？「いや、あくまで上野の大胡で」。えええー。そんなごむたいな。どんだけピンポイントで困難なネタをリクエストしているのか分かってるのかなー？？？

しようがない。牧野氏のことを調べました。牧野康成という武将が徳川家康に仕えていて、家康が関東に封じられたときに上野・大胡城2万石を与えられた。それで同氏は大坂の陣の後に越後・長岡6万石に加増される。旧牧野領は前橋城主だった酒井忠世に与えられ、大胡城は廃城となる。うーん、この話のどこに「聞かせどころ」を設定すればよいのやら。皆目見当がつかん……。

まず牧野氏ですが、同氏は阿波民部大夫《みんぶだゆう》・田口成良《しげよし》（重能とも）の子孫を称していた。成良は源平争乱期の人です。四国随一の勢力を誇り、平家の長年の忠実な家人であった。都落ちしてきた平家を四国に迎え、讃岐の屋島に強大な平家の根拠地を築きました。ところが源義経の奇襲で屋島は陥落。壇ノ浦の決戦では300艘《そう》の軍船とともに源氏に寝返り、平家滅亡を決定づけた人物です。木下順二の名作戯曲『子午線の祀《まつ》り』では平知盛に対峙する副主人公として描かれました。名優・滝沢修による初演舞台（昭和54年）をぼくは観ています。

成良は滅びますが、その子孫は三河に移り住んで、在地領主化した。阿波から三河へ。おそらくは黒潮に乗って移動したのでしょう。似たような動きはたとえば鈴木氏に見られます。紀伊国の藤白《ふじしろ》神社の神主家であった鈴木氏の一流が三河国に移って武士となり、やがて徳川家に仕えて繁栄しました。2019年2月、浜松オートレース場で選手8人すべて鈴木さんという「鈴木選抜」が行われましたが、この楽しいレースは徳川領に鈴木姓が多いことを踏まえての開催だったのです。

三河に移住した牧野氏は、本拠を牛久保（愛知県豊川市牛久保町）に築きました。『牛窪記』や『家忠日記』などの史料には「牛久保衆」という呼称があり、これは牛久保城主の牧野氏をリーダーとする牧野氏の直臣団や寄騎《よりき》衆（牛久保六騎）、地侍衆から構

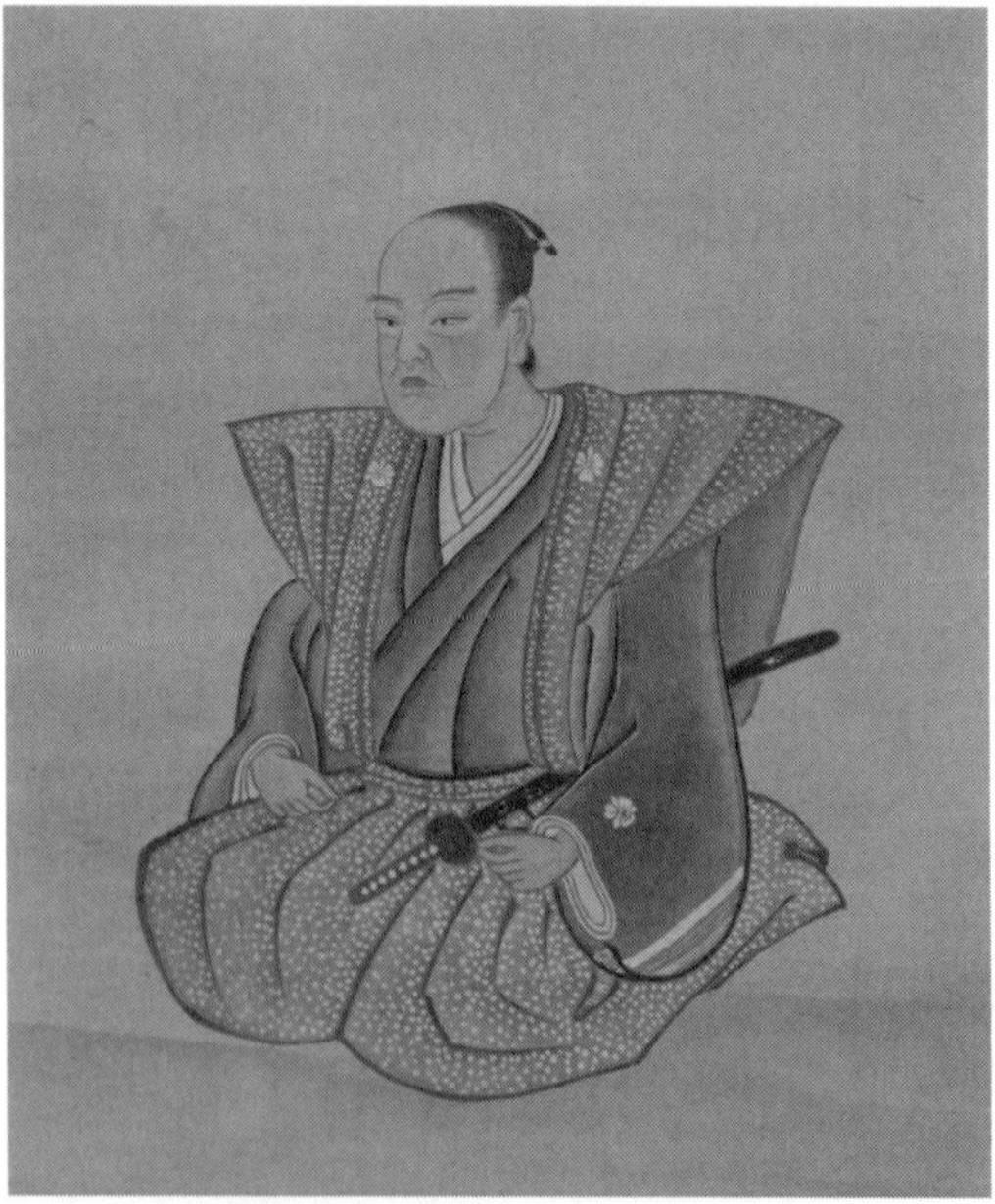

大胡を領した酒井忠世

1572〜1636年。酒井家には「左衛門尉《さえもんのじょう》家」と「雅楽頭《うたのかみ》家」の2流がある。新井白石の『藩翰譜《はんかんふ》』は前者を「武功の家」、後者を「執事の家」と位置づけていて、後者からは大老や老中が出ている。酒井忠世はこの「雅楽頭家」の2代目で、老中、大老に任じて同家の勢力拡大に功績を挙げた人。牧野家が越後に去ったときの前橋藩主で、大胡を領した（東京大学史料編纂所所蔵模写）。

成されていた武士集団と考えられています。

あれ？　牛久保衆？　どこかで見た記憶があるぞ。そうだ山本勘助だ。武田信玄のもとには牛久保出身の武勇に秀でた家臣団があり、勘助をリーダーとしていた。彼らは「牛久保衆が崩れるときは武田家が滅びるときだ」と豪語していたが、第4次川中島の戦いで、勘助以下が討ち死にを遂げた、という記述を子供の頃に偕成社の子供向けの歴史本で読んだんだ。今回調べてみたところ、吉川英治『上杉謙信』（昭和17年）にも同様の記述があるようです。現在はあまり知られているとはいえない牛久保だけれど、戦国時代は栄えていたのかな。牧野氏は西三河のこの地を治める領主だったわけです。

「おまえもわが子はかわいいか」

三河牛久保の城主として周辺を治めていた牧野氏は、今川義元の勢力が三河へ伸長してくると、その勢力下に入りました。桶狭間で義元が戦死し、徳川家康（当時は松平元康）が岡崎で自立すると、はじめはこれと戦いますが、やがて家臣の列に連なります。

三河を勢力範囲とした頃の徳川家の軍制は、酒井忠次と石川数正が家臣たちを統率していた。東三河の衆が酒井の下に配置され、西三河のリーダーが石川でした。牧野氏の当主の康成は酒井忠次の指令を受ける立場になりました。それだけではなく、忠次の娘を康成は嫁に迎えています。彼女のお母さん（つまり忠次の妻）、後に臼井《うすい》殿と呼ばれる女性は松平清康の子。清康は家康の祖父ですので、臼井殿は家康のおばさん。康成の妻は家康のいとこになります。広くいうと牧野氏は徳川の縁戚に連なったわけで、それだけ牧野氏は重視されていた、ということになるのだと思います。

さて、1590年に徳川家が関東に移ると、いよいよ大胡城が出てくる。牧野康成は上野の大胡城を与えられ、2万石を領することになります。動員兵力でいえば500人くらい。うーん、微妙な数字だな。牧野氏が入る以前の大胡にはさほどのドラマはありませんし、地図を広げてみても交通の要衝というわけでもありません（現在、大胡に行こうとすると、前橋からタクシーに乗ることをすすめられます。これがまた不便この上ない道。片側1車線なのにそれなりに混んでいて、のろのろのろのろ30分かかる。講演の時間には十分間に合うはずだけれど、ヤキモキしました）。

大胡城に入った牧野氏については、何もドラマがありません。康成の娘が家康の養女となって、あの福島正則の後室として嫁いでいるくらいです。正則は外様大名の中でも幕府が一番気を遣ったであろう人物ですから、彼との縁組に娘が起用されたということは、牧野氏は家康・秀忠にしっかりと評価されていたということになるのでしょう。

牧野氏は関ケ原の戦いにも従軍し、1616年に越後・長峰城主5万石、すぐに同国長岡6万石に加増転封され、大胡を離れます。で、江戸時代を通じて長岡の譜代大名として続き、有名な幕末の北越戦争に至るわけです。牧野氏を失った大胡は、このあと大名の本拠となることはなく、城も廃棄されました。

さて問題は、このネタでどうやって講演を乗り切るか、です。全然聞かせどころがないじゃないか！　頭を抱えたわけですが、なんとか一つネタをひねりだしました。それが酒井氏との関係です。家康は酒井忠次を憎んでいた、という話があります。家康の長男で岡崎を任されていた松平信康が武田家との内通を疑われ、織田信長に自害を命じられた。そのとき信長のもとに出向いていた忠次は、信長からこの処置への意見を求められた。本当なら「信康さまに限ってそのようなことは！」と熱弁を振るうはずが、忠次は何も弁明をしなかった。それを家康はずっと根に持っていた。

関東に入ったときに酒井家次（すでに隠居していた忠次の嫡子）は下総・臼井3万7千石しか与えられなかった。井伊直政12万石、本多忠勝と榊原康政の10万石に比べ、これは明らかに少ない。忠次が機会を捉えて「私のせがれにもう少し領地をください」と言ったところ、家康は冷たく「おまえもわが子はかわいいか」と吐き捨てた、という。

このエピソードの根拠はさほど良質な史料ではありません。ですので現在、「まあそんな話もあるよね」くらいで、学界ではまともに相手にされていないんじゃないのかな。けれども酒井家の領地の変遷を見ると、一概にヨタ話とも思えなくなるのです。というのは、同家は関ケ原の後、井伊直政が去った高崎に5万石で入る。それで1616年に越後・高田城10万石の加増を受ける。この直前には家康が駿府で亡くなっています。家康がいなくなってはじめて、徳川四天王の筆頭（これも後世の呼び名ですが）にふさわしい待遇を受けているのです。やっぱり家康に嫌われていた？

それを念頭に置くと、牧野氏が大胡を離れるのもこのときではありませんか！しかも新領地は越後。幕府は姫路に本多→竜野に小笠原、中津に細川→日出《ひじ》に木下、山形に鳥居→新庄に戸沢・鶴岡に酒井など、縁戚の大名家を近隣に配置することがあります。これはそれと同じで、牧野氏は酒井家に引っ張られるかたちで加増・国替えが実現したのではないか。まあ新解釈というには正直「なに？　それだけ？」ですが、このあたりを膨らませて講演の責務を果たしてきた次第です。

家康の祖母、華陽院《けよういん》

はじめ三河国刈谷城城主・水野忠政に嫁いで水野忠重や於大《おだい》の方《かた》（家康の生母）ら3男1女を産む。その後、岡崎城の松平清康の妻となり、娘を産んだ。これが酒井忠次の妻となった臼井殿である。ただし、年齢の考証から、華陽院と清康の婚姻はあり得ないと主張する学者もいる（東京大学史料編纂所所蔵模写）。

政治は軍事の「おまけ」か

かつて石川数正とともに徳川家康を支えた酒井忠次の家は、なぜかあまり厚遇されなかった。もしかしたら家康は忠次を嫌い、遠ざけていたのかもしれない。だから家康が亡くなると、すぐに忠次の子の家次（彼の生母は家康の叔母にあたるので、家康と家次は血を分けたいとこ）は10万石の大名に躍進するんじゃないか、という話を前項でしました。この家次の跡継ぎの忠勝は出羽の庄内に移り、江戸時代を通じて存続しました。本拠は鶴ケ岡城で、石高は13万8千石から幕末には17万石余りになっています。

酒井家というと、徳川四天王にも数えられるこの忠次の一流のほかに、大老や老中を輩出した家筋があります。忠次のほうは左衛門尉《さえもんのじょう》家。姫路城の殿さま（15万石）として幕末を迎える後者は雅楽頭《うたのかみ》家。4代将軍家綱を支えた下馬将軍、酒井忠清の流れです。雅楽頭家の有力な分家には若狭の小浜藩11万石余りを領した酒井家があるのですが、この家の祖が大老・老中を務めた忠勝という人。つまり同じ時期に庄内と小浜に「酒井忠勝」がいたのですから、ややこしい。まあ仲間内では諱《いみな》は意識されず、

「これは宮内大輔どの（庄内の忠勝）」「おやおや讃岐どの（讃岐守。小浜の忠勝）」なんて言ってたでしょうから、同姓同名でも問題はなかったのかな。

それで左衛門尉・酒井家を調べているうちに、気になったことが。外様大名は領地はたくさんもらうけれど、幕政には関わらせない。譜代大名は政治の中枢で働いても、領地はさほど多くない。これが江戸幕府の知恵だ、なんてことはよく知られています。これ、譜代大名の中でもあるのかな、と。

家康が関東に入部したときに10万石以上をもらったのが、井伊直政に本多忠勝に榊原康政。家康の家臣として有名な人たち。確かに井伊家は大老になるけれど、老中にはならない。名誉職の色彩が強いのかな。本多と榊原はどちらもならない。「徳川四天王」の筆頭である左衛門尉・酒井家も、家康没後に10万石以上もらうようになりますが、幕府の重職には就かない。

そこで家康、秀忠の時期の幕府の老中を調べてみました。具体的に名を連ねてみると、家康将軍期は大久保忠隣《ただちか》、大久保長安、本多正信、成瀬正成、安藤直次、本多正純、内藤清成、青山忠成。秀忠将軍期は青山成重、酒井忠利、酒井忠世（忠世が雅楽頭家当主。忠利は忠世の叔父）、土井利勝、安藤重信、内藤清次、青山忠俊、井上正就《まさなり》、永井尚政。

このうち、10万石以上をもらっていたのは、本多正純と土井利勝のみ。面白いのは永井尚政で、老中をやめると同時に「おつかれさん」と加増を受け、山城の淀10万石の城主になる。こう見ていくと、譜代大名の中でも、10万石もらう家は幕政に関わらせない。政治の中枢で働く人は、10万石にはしない。そんな暗黙のルールが幕府草創期にはあったのかな、と感じます。

有名なエピソードですが、家康の側近中の側近である本多正信は、息子の正純に「封土を増やしてはならぬ」と教訓したといいます。3万石まではありがたく頂戴せよ。だがそれ以上は、加増してやると言われても辞退せよ。身を滅ぼすぞ、と。ところが正純は宇都宮15万5千石の大身になり、結局、政争に敗れて失脚します。またもう一人の10万石超えで、大名人生を無事に全うした土井利勝は、家康の子ではないかと噂《うわさ》された、いわば特殊な人物でした。

新井白石が著した『藩翰譜《はんかんふ》』は譜代大名の家を分類していますが、それは「1、十八松平。2、外戚。3、武功の家。4、執事・御役の家。5、新参の家」となります。ぼくがいうところの10万石オーバーは3に。幕府の重職は4に該当する。ということは、軍事政権として発足した幕府にあっては、武功を挙げてたくさんの領地をもらう家が重いのであって、少なくとも表面上は、政治はおまけのように捉えられていたのでしょうか。

家康の謀臣、本多正信

1538〜1616年。通称は弥八郎。本多平八郎忠勝とは別の本多氏。鷹匠《たかじょう》から身を起こし、家康に仕える。家康が今川家から独立した後、三河一向一揆が起こると、一揆方につき、家康に敵対した。一揆が敗れると大和国の松永久秀に仕えたが、そこも去って諸国を流浪。やがて再び家康に仕え、参謀的な働きをする。秀忠が将軍になると、江戸の秀忠のもとで幕政に参画し、1607年からは秀忠付の年寄（老中）になった（東京大学史料編纂所所蔵模写）。

軍事が重かった時期には、広い土地を与えられてそこをしっかりと治めることが重要だった。いざ鎌倉、となればその領地が養えるだけの兵力を率いて、将軍のもとにはせ参じる。あるいは城に立て籠もって、敵の進軍への盾となる。ところが平和が続くうちに軍事の役割は低下した。政治の役割を皆が知るようになると、幕政に関与する人が権力を握り、領地も増える。老中かつ10万石オーバーが次々に登場する。そういうことになるのかな、と考えます。

なぜ鎌倉・室町時代は政務の地位が低い？

室町幕府には執事が置かれていました。将軍を補佐することを任務とする、幕府内でもっとも重要な役職で、初代の執事は「バサラ大名」としても有名な高師直《こうのもろなお》です。高は将軍の親衛隊ともいうべき強力な軍を率いるとともに、政治にも深く関わりました。その結果、幕府の政務を管轄する足利直義（将軍尊氏《たかうじ》の弟）と激しく対立し、滅んでいきました。

高のあと、執事には仁木頼章、細川清氏と有力守護が任じられ、やがて引付頭人《ひきつけとうにん》

（政務を行う重要なポスト）の権限を吸収して管領《かんれい》と呼ばれるようになります。管領は将軍のもとで、政務の実権を握るようになりました。斯波《しば》、畠山、細川の三家から選ばれたので、これを「三管領」と称する、と教科書に出てきたはずです。

さて、細川清氏のあとを襲ったのが斯波氏でした。このときの名称はいまだ執事でしたが、２代将軍の足利義詮《よしあきら》から就任を要請された斯波高経《たかつね》は喜ぶどころか、渋い顔をしたのです。執事というのは、足利本家の家来が任じる役職である。わが家は足利本家の家来ではなく、一族、親戚である。だから、執事に就任するのは家の恥である、という理屈からでした。

たしかにそれまで執事に任じていた高、仁木、細川は家格は低かった。高は鎌倉時代から足利氏の家来としてさまざまな実務をこなしていましたし、仁木と細川は足利氏に出自をもちますが、庶流で力が弱かったため、早くから家来として扱われていました。

これに対して斯波氏は家格が高かった。そもそも斯波氏初代の家氏は正室を母にもつ、足利本家の跡継ぎでした。ところが母親の兄、名越《なごえ》光時（本家につぐ北条氏の名門）が本家に反旗を翻したため、母は連座して正室の座を追われ、家氏は後継者から外された。足利氏には北条本家から改めて正室が嫁いできて、彼女が産んだ頼氏が家を継いだのです。こうした経緯があったため、家氏の流れは格が高かった。代々尾張守に任じて「足利尾張家」と呼ばれて重んじられました。高経が誇り高かったのもうなずけます。

ただし、そうはいっても、執事なり管領というのは政治の実権を握る立場。いまでいうと幹事長とか官房長官並みの要職ですから、断る手はないだろうと現代のわれわれなら思う。ところがいい顔しないんだよなあ。高経は渋々子息の義将《よしゆき》を執事に据えて自身は後見役となるのですが、これは「政治を行う」ということ自体の価値が十分に把握されていなかった証拠となるのではないでしょうか。

鎌倉幕府が成功した理由はいろいろあると思いますが、その一つは、源頼朝が文書行政という概念を理解していたことが挙げられるでしょう。彼はすでに旗揚げのとき、都から地方に下向していた大和判官代邦通《ほうがんだいくにみち》（出自は明らかではない）という文人を配下としていて文書を作成させていました。彼が書く文書を通じて御家人の所領の管轄を行ったのです。立派な行政行為といえます。

頼朝の力が大きくなると、大江広元や筑後権守俊兼《としかね》ら有能な人物が頼朝の召しに応じて都から下ってきて吏僚《りりょう》集団を形成し、幕府の運営が円滑に進むようになります。1221年、幕府が後鳥羽上皇と戦った承久の乱のときも、広元や三善康信の献策はたいへん有効でした。ところが、です。広元や康信の子供たちは、親の跡を継いで吏僚として活躍するのかと思いきや、みな筆を捨てて武士になってしまうのですね。たとえば中国地方の毛利家は広元の四男の子孫です。これなんか、政務の地位が低いことを示す好例だと思います。

では鎌倉幕府の政治や裁判はどういった人たちが担っていくのかというと、奉行《ぶぎょう》人《にん》と呼ばれる人たちになります。生粋の官人出身者ではなく、武士なんだけれども文事に強い。そういう家が生まれ、代々吏僚として働き、室町幕府にも引き継がれていく。ただしその地位はさほど高くありません。どうみても鎌倉・室町幕府で政治的発言権を持っていたのは、豊かな領地をもつ、すなわち優勢な軍事力を誇る有力御家人なり守護大名です。大きな領地をもつ人が大きな発言権をもつ。

富と権力の重複。江戸幕府はこの点を改善します。広大な所領を有する外様大名は、幕府政治に関わらない。狭小な領地しかもてない譜代大名から、人を選んで政治にあたらせる。若手のやり手として台頭した松平正綱（知恵伊豆こと松平信綱の養父）は、現在の財務大臣のような地位にありながら2万2千石。関東支配の要である関東代官を務め、利根川の流れを大きく変える大工事を成し遂げた伊奈氏は1万3千石。こうした事例を見ると、うーん、富と権力は分離するとはいうものの、やっぱり政治の地位が低いんだなあ、と感じざるを得ません。

大江氏の後裔、毛利元就

1497〜1571年。大江広元の四男、季光は相模国毛利荘を所領として毛利氏を名乗り、御家人となった。季光と子供たちは1247年の宝治合戦で三浦氏に味方し、滅びた。四男の経光だけが生き残り、越後と安芸に子孫を残した。安芸の吉田荘を領した経光の四男（また!）時親《ときちか》の子孫が戦国大名・毛利氏である（東京大学史料編纂所所蔵模写）。

第3章　信長の「天下」とは京都周辺だけか

頼朝の手紙をあなたはどう読む？

１１７９年11月、平清盛は軍事クーデターを起こし、政務の全権を掌握しました。けれども、その平家が戦いに敗れて都を落ちたあとは、後白河法皇が再び実権を取り戻したのです。１１８５年に平家が滅亡。成長著しい鎌倉の軍事政権に掣肘《せいちゅう》を加えるべく、法皇は源義経に頼朝の討伐を命じました。ところが法皇の思惑は外れ、武士たちは義経よりも頼朝を主人として選んだ。義経は没落し、頼朝は逃亡する義経の捜索を口実に法皇に圧力をかけ、全国に守護・地頭の設置の許可を得ます。ここに鎌倉幕府が誕生した、と最近の高校教科書は考えるわけです。

さて、頼朝は朝廷の行政にも干渉しました。それまでは不遇であった九条兼実《かねざね》と結んで首班に据え、彼のもとに「議奏《ぎそう》公卿」という10名ほどのグループを作ったのです。議奏公卿たちは必ずしも頼朝と気脈を通じていたわけではありませんが、実力派の彼らがキチンと仕事をすれば、後白河法皇の思うがままの院政を止めることができる。頼朝はそう考えたのです。文治２（１１８６）年４月30日付で、頼朝は議奏公卿たちに手紙を送りました。それが次のものです（『吾妻鏡』文治2年4月30日条。もとは漢文。現代語訳もつけておきます）。

　天下の政道は群卿の議奏によりて澄清《ちょうせい》せらるべきのよし、殊に計らい言上せしむるところ也。つぶさに君臣の議を存じたまわば、おのおの私なく、諂《へつら》わず、賢慮を巡らしめたまい、申し沙汰せしめたまうべき也。**❶頼朝たまたま武器の家をうけ、軍旅の功をめぐらすといえども、久しく遠国に住し、公務の子細を知らず候。**たとえまた子細を知るといえども、全くその人にあらず候。かたがた申し沙汰にあたわず候也。ただし人の愁いを散ぜんがために、いったん執り申せしむる事は、頼朝の申し状たりといえども、理不尽の裁許あるべからず候。諸事、正道に行わるべきのよし、相存ずるところに候也。かねてまた、**❸勅宣・院宣を下さることに候といえども、朝のため世のため違乱の端に及ぶべきのことは、再三覆奏せしめたまうべく候也。**思いて申せしめたまわざれば、定めて忠臣の礼にあらず候か。よってご用意のため、恐れながら上啓くだんのごとし。

四月三十日　　頼朝

❷進上　某殿

天下を治める政治はあなたがた公卿の奏上によって清らかに行われるべきである、と特別に取り計らって（法皇に）申し上げたところです。よく君臣のことわりを存じていらっしゃるのなら、みなさん私心なく、諂わず、お考えを巡らして（法皇に）奏上されるべきであります。わたくし頼朝は武士の家に生まれ、戦いの功績をあげましたが、ながく遠国に住み、政務の詳細を知りません。また知っていたとしても、政務を担うにふさわしい者ではなく、政治を行うことはできません。庶人の困惑を解決しようとひとたび手がけたことならば、頼朝の申し上げたことであったとしても、道理にかなわぬ裁定が出てはいけません。すべてのことが、正しく行われるべきであると、考えております。また、勅宣・院宣が下されたことでありましても、この国のため、この世の中のため、乱れにつながることについては、再三くり返し奏上なさるべきです。思っているのに口に出さぬのは、忠臣の行いではありますまい。念のために、恐れながら申し上げますことは以上です。

さて、今回は趣向を変えて、大学の現場で、日本史がどんな問題を出しているのかをご紹介しましょう。

問1　傍線部❶を説明せよ。（難易度は大学の日本史、単位認定試験に相当）
問2　傍線部❷を説明せよ。（右に同じ）
問3　この手紙に見える源頼朝の立場を、権門体制論の観点から説明せよ。（大学院入試試験に相当）
問4　「綸言汗《りんげんあせ》の如し」という言葉も参考にしながら、傍線部❸を説明せよ。（東大史料編纂所の入所試験に相当）

簡単に答えあわせを。問1は頼朝が源氏という武士の家に生まれ、鎌倉に武士の拠点を築き、平家など、反鎌倉勢力を滅ぼしたことを書ければマル。しかもそれを、朝廷への奉公と頼朝が位置づけていることを書ければ加点。問2は、この手紙が議奏公卿の各人に出す「ひな型」になっていることを書ければマル。実際に出すときは、ここに具体的な名前が記される。問3は問1と合わせて出題するとよい。頼朝が、鎌倉の武家政権は京都の朝廷を支える下位の組織であるとの前提に立っていることを書ければマル。ただし、頼朝が本心からそう思っていたかどうかは定かではない。

問4。天皇の言葉は絶対である。汗が皮膚に戻ることのないように、一度発せられたら否定することはできない、というのが「綸言汗の如し」。ところがこの手紙では、頼朝はそうした立場をとっていない。法皇の裁定でも、世のため人のためにならないと思ったら、再三再四、元に戻して再考を促せ、と書いている。そんなことが書ければマル。

九条兼実

関白・藤原忠通の子。抜群の才をもって知られるが、兄の近衛基《もと》実《ざね》、松殿基房《まつどのもとふさ》の後塵を拝していた。源頼朝は平家と縁の深かった基実、木曽義仲と結んだ基房を退け、兼実を朝廷の代表の座に据えた。両者の連携はよく後白河法皇を抑え込んだが、後に破綻することになる（東京大学史料編纂所所蔵模写）。

ここまでは、まず客

観的な読みに基づいています。だから試験として出題できるわけですね。でも問題はここからです。それを書きたくて、ぼくはこの書状を紹介しました。

「京都＝天下」説は妥当か

前項で源頼朝の書状を紹介しました。関東武者たちの輿望を担って軍事政権を立ち上げた頼朝の最大のミッションは、鎌倉の新しい軍事政権を、いかにして維持し継続していくか。今の言葉を用いるなら、いかにしてサステナブルなものにするか、ということでした。

そのために彼は対抗勢力になり得る源氏（木曽や佐竹や志田など）を打ち破り、平家を追討し、やがては平泉の藤原政権を滅ぼしました。源平の戦いなどと表現されますが、平家は源氏の不倶戴天《ふぐたいてん》の敵などではありません。あくまでも鎌倉政権の優位を確保するため、第一の武家であることを明示するために、平家の存在を否定した、と考えるべきです。まあ、この問題を語り出すと長くなるので、これくらいにして。

平家を滅ぼした段階で、鎌倉を打倒できる武家はいなくなりました。ですが、それ以上の難敵が頼朝に立ちはだかります。いうまでもありません。朝廷勢力、院政を行う後白河法皇の権力です。朝廷と争うには、単純な武力だけでは勝てません。外交を行い、話し合いをくり返し、両者が折り合える落としどころを探る。それは途方もなく困難な作業でしたし、また関東武者たちはそうした交渉ができるからこそ、頼朝を自分たちの主人と仰いだのです。

頼朝は藤原本家の九条兼実と結んで彼に貴族たちを束ねさせ、「議奏公卿」という行政グループを作って、後白河法皇の巨大な権力に掣肘を加えようと試みました。彼は議奏公卿の各員に手紙を届けます。「天下の政道はあなたたちにかかっている。法皇の恣意《しい》を許すことなく、公明正大な為政をこころがけていただきたい」

大学入試や各種資格試験の公式な設問を作成するときには、客観性が必要となります。出題者がこう思うから、それに適合していれば○、違っていたら×、というわけにはいきません。ですからこの質問を試験に出すことはできないのですが、頼朝書状の冒頭の「天下」とは、さて何でしょうか?

いま学界では、織田信長の「天下布武」の「天下」とは、京都もしくは京都周辺を指す、日本全国ではない、という解釈が有力です。だとすると、頼朝が書き記す「天下」も、京都の政界を指す？　そんなバカな、とぼくは考えます。

列島の先進地域は、明らかに、長く京の都と畿内でした。頼朝はすべてにおいて遅れた関東に、新しい政権を樹立した。彼の課題はいわばその「田舎政権」を、どうやって朝廷に認めさせるか。その一点にかかっている。とすれば、この手紙の「天下」とは、都の周辺も田舎の関東も含め、さらには東北の平泉政権も念頭に置いて、広く日本列島全体を指していると解釈すべきです。とはいえ、もちろんそれはぼくの解釈であって異論はあるでしょうから、試験には出せません。

天下という言葉。それは普通は日本列島全体を指します。だいたい古くは、天皇を「治天下大王」、あめのしたしろしめすおおきみ、と呼んだ。天皇の権力はヤマト周辺に強烈に作用していたわけですが、その存在は日本列島全体の頂点に立つもの、立つべきものと意識されていた。日本国内において、天皇に比肩する者の存在を朝廷は許さなかった。ならばこの天下は、やはり漠然としてですが、日本全体を指していたと考えられる。

ぼくは治天下大王＝天皇が、日本列島を均一に治めていた、とは考えていません。日本全国が具体性をもって統一されたのは、豊臣秀吉の治世においてでしょう。このことは国家とは何か、という難しい問題とリンクしてくるわけですが、とりあえず日本各地で同じくらいの税を負担する体制が整えられる。罪人は日本のどこに逃げても、正体が露見すれば捕まる。そうした状況が現出するのは、１５９０年の天下統一以後のことです。

けれども概念としての「天下」は、列島全体を指して、ずっと使われていた。頼朝より後、鎌倉時代の禅僧が中国大陸に渡って宋学を学んできます。そこで広まった基礎の基礎の概念として、『大学』の「修身《しゅうしん》斉家《せいか》治国《ちこく》平《へい》天下《てんか》」があります。天下を平らかに治めるにはどうしたらよいか。まずは自分の行いを正しくせよ。ついで家

天下布武の印

織田信長は1567年、美濃井ノ口の稲葉山城を攻略した（城主・斎藤龍興は逃亡）。信長は「岐阜」と改名し、本拠地とした。岐阜とは、周の文王（儒教の重要人物）の本拠である「岐山《きざん》」にならったもの。また、この頃信長は「天下布武」の判を使い始める。後に安土に拠点を移すと、従来の判に竜が加わった「下り竜・天下布武」の判を使い始める。安土城を築いたときに、信長はすでに京を確実に確保していたから、天下＝京、という図式はそれだけでも成立しないと思うのだが、いかがだろうか。

庭を整えよ。次に国を平穏に治め、その成果をもって天下を平らかにする。このような順序で政治は行うべきだ、という儒学の政治観です。ここでは自身→家庭→国→天下、と大きくなっている。これを学んだ日本の知識人は、天下を都、とか都の周辺、とイメージするでしょうか。あり得ません。やはり列島全体でしょう。

ならば、なぜ信長の「天下布武」の天下だけが、京都、もしくは都の周辺と限定的に解されるのか。ぼくはその解釈はとても不自然だと思います。中国の歴史を知っていた信長だから、井ノ口を「岐阜」と改名した。その信長が「修身斉家治国平天下」を知らないとは、考えられないではありませんか。

「室町幕府の対応はいいかげんだった」

誰しも故郷を愛する気持ちはもっていますし、そうした愛郷心に接したときには温かい気分に満たされる。だから出張先で「おいでやす。どちらから？」と尋ねられ「東京です」と答えた際に「まあまあ、えろう遠い田舎から」と返されても、面白いことを言うもんだなあ、と苦笑いしただけでした（実話）。でも学問的な話の中で、日本の首都は千年京都で根本の法は千年律令である、などと言われると、歴史研究者として、それはおかしいと違和感を表明しなくてはなりません。これまで、天下とは京都とその周辺を指す、という言説を批判していますが、問題点は共通しています。

天皇という名称が一般的になったのは早くとも7世紀頃と考えられますが、それ以前の呼び方は「大王」であり、詳しくは「治天下大王」でした。天下という言葉は、広く日本列島を指して用いられたのです。ですが、実際に大王なり天皇が列島全体を均一に支配できたのか、といえば、それはまったく違うわけです。古代朝廷は近畿地方を治める精度をもってしては、たとえば東北地方に対処できなかった。東北地方、すなわち「みちのおく」は、朝廷の手の届かぬ地域だったと考えたほうがよい。

はるか後の室町時代でも、状況は基本的には変わっていません。それは幕府の統治姿勢を見れば分かります。足利政権ははじめ、東北地方を束ねる奥州総大将という職を設けました。将軍の代理としてこの地域に臨むからでしょう、名門・斯波家の一員、斯波家長がその職に就きました。けれども彼は南朝方の北畠顕家との戦いで陣没。幕府は駿河・伊豆の守護を務めていた石塔《いしどう》義房を新たに任命します。石塔は南朝勢力との戦いで活躍しますが、やがて動きが史料から消え、1345年には幕府は奥州管領として吉良貞家と畠山国氏の二人を奥州に送り込みました。

吉良と畠山はうまく連繋《れんけい》できなかったようです。二人はぶつかり合い、勢力を争った。当時、京都では将軍の足利尊氏とその弟で政務を任されていた直義が争う「観応の擾乱」が展開されていて、吉良は直義派、畠山は尊氏派に属しました。１３５１年の戦いで吉良は畠山を打ち破り、畠山国氏は戦死しました。ただし畠山家は福島県二本松市を本拠として生き残り、戦国時代まで続きます。伊達政宗の父親の輝宗《てるむね》を拉致し、輝宗ともども殺害された畠山（二本松）義継は国氏の子孫です。

勝ち残った吉良貞家が病死すると、子息の満家が2代目奥州管領を名乗りました。ですが畠山の側でも国氏の息子の国詮《くにあきら》が管領を称して活動していました。さらに先の石塔義房の子の義憲も、われこそは管領なりと立ち上がりました。加えて、幕府は、先の斯波家長の血縁者である斯波家兼を、新たな奥州管領に任命して現地に下向させたのです。ここに、奥州には吉良満家、畠山国詮、石塔義憲、斯波家兼と、４人もの管領が並び立つ、前代未聞の状況が現出しました。

４者は互いに争い、次第に斯波家兼が力を得ていきます。家兼の直系の子孫が現在の宮城県大崎市付近を本拠とした大崎氏で、戦国大名に成長し、結局は豊臣秀吉に滅ぼされました。また家兼の子孫で分家が、山形に本拠を置いた最上《もがみ》氏になります。

さて、こうした状況をどう捉えるべきでしょうか。奥州総大将と奥州管領の違いは何かとか、吉良と畠山の役割はどう分担されていたかとか、さらには4者の違いは何かといった研究はあるのです。しかし、それよりも何よりも大切なことは、「室町幕府の対応はいいかげんだった」という要点を指摘することではないでしょうか。

室町幕府は奥州をきちんと統治する気があったのか。前任者と後任者の引き継ぎがない、役に立っていない前任者を京都に召還した形跡がない。このことだけを見ても、幕府の対応はでたらめといわざるを得ない。適当な人を任命するが、それだけ。サポートはとくにしない。その人が成果を挙げられなければ、次の人をやみくもに送り込むだけ。そうした無責任な人事の結果が、4人の奥州管領の並立という珍事なのだろうと思うのです。

そして、なぜ幕府はそんな場当たり的な対応で済ませていたのか、といえば、奥州が大切ではなかったから、というしかありません。足利尊氏の時期、幕府はとりあえず日本列島全体を支配しようという意図をもっていた、とぼくは考えます。尊氏は東奔西走して軍事活動を展開し、足利将軍を否定するような勢力を列島から消し去った。

郵便はがき

100-8077

63円切手を
お貼りください

東京都千代田区大手町1−7−2

産経新聞出版　行

フリガナ
お名前

性別　男・女	年齢　10代　20代　30代　40代　50代　60代　70代　80代以上

ご住所　〒

（TEL.　　　　　　　）

ご職業　1.会社員・公務員・団体職員　2.会社役員　3.アルバイト・パート
4.農工商自営業　5.自由業　6.主婦　7.学生　8.無職
9.その他（　　　　　　）

・定期購読新聞
・よく読む雑誌

読みたい本の著者やテーマがありましたら、お書きください

書名　「違和感」の日本史

このたびは産経新聞出版の出版物をお買い求めいただき、ありがとうございました。今後の参考にするために以下の質問にお答えいただければ幸いです。抽選で図書券をさしあげます。

●本書を何でお知りになりましたか？

□紹介記事や書評を読んで・・・新聞・雑誌・インターネット・テレビ

媒体名(　　　　　　　　　　　　　　　　)

□宣伝を見て・・・新聞・雑誌・弊社出版案内・その他(　　　　　)

媒体名(　　　　　　　　　　　　　　　　)

□知人からのすすめで　□店頭で見て

□インターネットなどの書籍検索を通じて

●お買い求めの動機をおきかせください

□著者のファンだから　□作品のジャンルに興味がある

□装丁がよかった　□タイトルがよかった

その他(　　　　　　　　　　　　　　　　　　　　)

●購入書店名

●ご意見・ご感想がありましたらお聞かせください

(ご回答いただいたご意見・ご感想は広告等で使用させていただく場合があります。)

それとともに、鎌倉公方という第2の将軍（初代は尊氏の子の基氏《もとうじ》）を置いて、東国の統治の質を高めようとしたのです。ところが3代義満の頃になると、東国は完全に鎌倉公方任せになり、さらには東北地方の統治までも鎌倉公方に丸投げするようになりました。1392年のことです。かくて、全国政権とはいえ、実際には中部地方から西だけを治める室町政権が誕生します。

　このような状況を踏まえると、「天下」を治めるということも、実態なのか、概念なのかを慎重に考えなければならない、と気づくでしょう。

東北における会津の位置づけ

伊達政宗を奥州の覇者と呼ぶが、それはなぜかというと、会津地方を占領したから。会津盆地は日本列島における京都のようなもので、戦いの結果としてここを占領したことで、政宗は覇者と認められた。ではなぜ会津なのかというと、それはつまるところ、関東（さらには京）に近いからだろう。東北地方で早く開けた町は、会津も白河も米沢も、みな東北地方の南に位置する。それだけこの地域の開発は遅れていた、と見るべきだ。写真は福島県会津若松市のシンボル、鶴ケ城の復元天守閣。

天下は京都だ、という説には、この「実態と概念の乖離《かいり》」への配慮がないのです。

京都の政権運営者はどう考えたか

よく現代の1年の変化は明治維新前での10年に匹敵する、といいます。たしかに現代の世の中の変転は目まぐるしく、その中で「言葉」も変わっていきます。まったく新しい言葉が生まれたり、以前からある言葉がまったく異なる意味をもったり。前者に属する言葉としては、「ワンチャン」ならなんとか意味を類推できますが、「マジまんじ」などと言われてもおじさんは目を白黒させるばかり。後者の事例として有名なのは「ヤバい」。辞書的には程度が甚だしいさま、なんて説明になるのでしょうが、ちょっと前までは悪い意味にしか使わなかった。ところがいまは、このラーメンヤバいわ、1時間並んだ価値あるよ、というように良いほうの意味でも用いるわけです。

ただし、これはあくまで口語の話。変化が緩やかな前近代の文語、それを駆使するのは伝統を踏まえた知識人とそれを模倣する人たち、となれば、言葉の意味はそうは変わりません。何回か「天下」という言葉にこだわってきましたが、それは古代でも、鎌倉時代でも概念的に日本列島全体を指していた。また、江戸時代でも同様だったのに、戦国の一時期のみ、京都を指し示していたと強調するのは、筋が悪い考察だといわざるを得ません。ですから織田信長が「天下布武」と言ったときに、この天下はごく普通に、日本列島全体を指しただろう、とぼくは解釈するわけです。

戦国時代に隣接する室町時代では、当の京都の政権運営者はどう考えていたのでしょうか。ダメ押しに、それも見ていきましょう。３代将軍足利義満に見いだされ、４代義持、６代義教《よしのり》を宗教のみならず、政治面でも補佐した三宝院満済《さんぼういんまんさい》という高僧がいました。彼の日記である『満済准后《じゅごう》日記』では、地域がどう捉えられていたのか。

満済はよく「都鄙《とひ》」という言葉を用います。この時期、室町将軍はもちろん京都で政務を覧《み》ていたわけですが、もう一人、足利尊氏の子である基氏の子孫が任じられる、第二の将軍ともいうべき家が鎌倉にありました。これが鎌倉公方《くぼう》とか関東公方と呼ばれる存在です。時の鎌倉公方の足利持氏《もちうじ》は将軍である足利義教に強烈な対抗意識をもち、両者はことあるごとに対立していました。

満済は京都を都、鎌倉を鄙、と呼びます。でもそうしたピンポイントの表現だけではありません。室町将軍の支配下にある地域を都、鎌倉公方が治めている地域を鄙、と称しています。具体的にいうと、鎌倉公方が治めていたのは関東地方と、後に加えられた東北地方です。これが鄙。京都を取り囲む近畿地方、加えて中国・四国地方、それに中部地方が将軍家が統治すべき都です。問題は九州なのですが、堺に次ぐ商都である博多までは都。残りの九州、当時の呼称で鎮西は、鄙と考えるべきでしょう。

案外知られていないことですが、室町幕府は各国の守護を務める大名たちに、京都に常駐することを求めていました。江戸時代は国元と江戸を行き来する参勤交代の制度がありましたが、室町時代、大名は原則京都で生活していたのです。ただしその大名とは都の大名に限られました。鄙の大名は京都にいる必要はない。面白いのは山口の大内氏と駿府の今川氏で、大内氏は博多の面倒を見る代わりに、今川氏は関東を監視する義務を負って、京都に駐屯する義務を免除されていました。

こうしたことを踏まえてみると、応仁の乱の状況がよく分かります。この大乱で京都で戦っていたのは、都の大名ばかり。鄙の大名は国元にいたのです。乱の後に京都の荒廃に失望した大名たちは国元に帰りますが、長く不在にしていたために現地の武士への求心力が低下し、このあと戦国大名への成長を遂げることに失敗しました。これに対し、鄙の守護大名は、わりと順調に戦国大名に進化していくのです。

都の地域の中にも、格差はありました。永享３（１４３１）年、伊予（愛媛県）の守護大名、細川持春は同国の有力武士たちが勝手に国元に帰ったのを問題視し、幕府に討伐の許可を申請しました。すると満済は、伊予は近国ではないのだから、そこまで厳密に対処する必要はなかろう、と許可を与えませんでした。ここからは、畿内は近

瑠璃光寺《るりこうじ》五重塔

防長に覇を唱えた大内氏は博多商人と深い関係を有し、朝鮮半島や中国大陸との交易で豊かな富を築いた。この美しい五重塔は、足利義満に挑んで敗れた大内義弘の菩提《ぼだい》を弔うために弟の盛見が建立したもので、西の京とうたわれた山口の繁栄を象徴している。盛見は義満の没後、幕府に重く用いられたが、筑前で少弐・大友と争い、戦死した。

国であり、中国・四国はそこには含まれない、という認識が見て取れます。中国という呼称は南北朝時代にはすでに用いられていますが、畿内を指す近国と、遠い地域、遠国をつなぐ中国、という意味で使われたのでしょう。これと同じ意味をもつ呼び方が、中部だと思います。

こう見ていくと、満済の認識においては、京都があり、その周辺が近国。近国に準じる中部、中国・四国までが都。関東、東北、それに九州は遠国であり、鄙。そういうことになります。

第4章

なぜ西郷《せご》どんは大隈重信を嫌うのか

「大隈には血のニオイがしない」

少し幕末・維新期の話も書いてみましょう。

ぼくが興味をもっているのは、大隈重信です。2度にわたり総理大臣を務め、早稲田大学を創設した人として知られていますね。彼は天保9（1838）年、佐賀城下会所小路《かいしょこうじ》（現在の佐賀市水ケ江）で、佐賀藩士の大隈信保の長男として生まれました。生涯のライバルといえる伊藤博文よりも3歳年長です。

幼名は八太郎。大隈家は、知行300石の砲術長の家柄というから、堂々たる上士です。維新政府に出仕した人々の中では抜群に毛並みが良い。足軽（実質は農民）出身の伊藤などは比ぶべくもないわけです。7歳で藩校の弘道館に入学し、佐賀特有の『葉隠《はがくれ》』に基づく教育を受けましたが、これに反発して退学。国学を学んで尊皇運動に触れ、また蘭学を学んで文久元（1861）年には、主君である鍋島直正にオランダの憲法について進講。弘道館教授に任じられて、蘭学を講じています。

当時、京都を中心として、時局はもうたいへんな激動のさなかにありました。攘《じょう》夷《い》か開国か、勤王か佐幕か。テロは日常茶飯事。京都でも各地方でもたくさんの血が流れました。そんな中、大隈は尊皇派に属していましたが、切った張ったの渦中に飛び込んだわけではありません。慶応元（１８６５）年には、豊かな学識で知られる副島種臣とともに、佐賀藩の英学塾「致遠館《ちえん》」で教頭格として指導にあたっていました。この学校の校長は宣教師のフルベッキ（１８３０～98年）で、彼は明治時代には東京で活躍し、明治学院大学の創設にも関わっています。大隈に英語を教えたのも彼でした。

ちょっと脱線。明治学院大の創設者は、宣教師で教育者のヘボン（１８１５～１９１１年）。ヘボン式ローマ字の考案者として知られる人。彼は医師でもあり、横浜の医学会を創設しました。脱疽《だつそ》を患っていた悲劇の名優、沢村田之助（１８４５～78年）の左足切断手術を執刀したのもヘボン博士です。ご存じでしょうが、ヘボンは明治の言い方で、いまならばヘプバーン。「ぼくはヘプバーンが大好き。ただし、オードリーではなく、キャサリンのほう」という淀川長治さんの言葉をぼくはラジオで聞いた記憶がありますが、偉大なオスカー女優、キャサリン・ヘプバーンはヘボン博士の同族なのだそうです。

明治学院大の前身ともいうべきヘボン塾で学んだ人としては、高橋是清《これきよ》や三井財閥を支えた益田孝らがいます。それから、横浜に医学とくれば、と思って少し調べてみたら、やっぱり丸善の創業者である早矢仕有的《はやしゆうてき》（ハヤシライス生みの親との説もあり）もヘボンのお弟子さんなんですね。当時は外国人の版権所有が許可されなかったので、ヘボンが編纂した『和英語林集成』（西洋の言語による近代日本語の最初の辞典。和英辞典）の版権は丸善に譲渡されています（利益は明治学院に寄付された）が、そこにはこうした縁も作用していたに違いありません。

話を元に戻します。明治政府の成立時、大隈は重く用いられました。はじめ外交面で仕事をしますが、外国から強硬な抗議を受けていた悪貨問題（幕末の動乱に際して、各藩は金の含有量を落とした貨幣を多く鋳造していた）に対応するうちに、おお、大隈は財政もいけるな、と評価されたのでしょう。明治2年の近代大蔵省創立とともに大蔵大輔に就任（のち大蔵卿に昇進）。それ以来、「明治十四年の政変」にいたるまで、大蔵省の実質的なボスの地位を占めたのです。

お財布を握っている人がエラいのは、古今東西、変わらない。大隈は明治政府の中でどんどん存在感を増していきます。明治ひとけた、政府のリーダーといえば、岩倉具視《ともみ》は別格として大久保利通でした。大久保暗殺後は内務卿（実質的な総理大臣）の地位を継承した伊藤博文と、大蔵省を掌握する大隈重信が並び立つかたちとなりました。それが議会の開設をめぐって明治十四年の政変へ、という展開になるわけですが、それは皆さんご存じでしょうから、省きます。

大隈重信

1838〜1922年。慶應義塾大学の創始者である福沢諭吉は政治家を厳しく批判する人であったが、大隈とだけは親しく交わった。福沢が亡くなると、遺族は供花や香典のたぐいを一切拝辞したが、大隈の献じた花束だけは受け取った。英雄は英雄を知るというが、二人の大きさを示すエピソードである（国立国会図書館所蔵）。

ぼくが注目したいのは、こうした大隈の有能ぶりを評価しなかった人物がいました。それが誰あろう、あの大西郷、西郷隆盛だったのです。理由は? 大隈には血のニオイがしない。こういう人間はいざとなったら、腹をくれない、覚悟がない。命を懸《か》けられないヤツは信用できない、ということらしい。うん、適当か否かはさておいて、たしかにこういう尺度はあり得るのかもしれません。

西郷と信長の意外な共通点

せごどん、西郷隆盛は大隈重信を評価しませんでした。一言でいうと、血のニオイがしない、から。大隈は幕末の血なまぐさい切った張ったに関わらなかった。まことに結構なことじゃないか、と思うのですが、西郷はそうは考えなかった。文字通り「命懸け」という事態を経験したことのないヤツは、いざとなったら使い物にならん。

外交のセンスは他藩より一枚も二枚も上手であり、冷徹に実利を計算できると評される薩摩藩ですが、それでもヒュースケン殺害とか寺田屋騒動とかそれに続く田中河内介らの暗殺とか、現代のぼくらから見ると「なにそれ?」という事件を起こしています。幕末には一種の狂気が間違いなく存在し、とくに若者はその影響下にあった。だからこそ、２６０年続いた幕府を倒すこともできたのでしょうが、話せば分かる、とかの正論なぞは通じない。そして西郷さんは、間違いなくその狂気の中心にいた人なのです。

だから西郷は、きわめて有能な大隈を「口先だけ」と嫌った。その点、山県狂介（有朋）は信用できる、とした。ぼくだったら「狂介」なんて名乗っているだけで、「どこのあぶない人か」って接触を避けますけれども。それに大隈は51歳のときに壮士に爆弾を投げつけられ、危うく命を落とすところだった（このときに右脚を失った）わけですが、この事件前後の大隈の言動を確認すると、彼がいかに肝の据わった人物だったか分かります。西郷の評価は、明らかに誤りだったのです。

ただし、おそらく西郷のような価値判断を持っていた人というのは、ああいう激動期には少なくなかったに違いありません。武士道というは死ぬことと見つけたり（『葉隠』）なんて言葉もありますし。武士という連中は、すぐに切腹だなんだと騒ぎ出す物騒な人たちなのです。あ、そういえば『葉隠』の山本常朝は、大隈と同じく、肥前藩士でしたね。

西郷と価値観を共有したに違いない人物といえば、なんといっても織田信長だろうと思います。信長は女性と同じく、男性も性愛の対象としました。ところがここが信長らしいところなのですが、ただイケメンなだけでは、信長の愛は獲得できなかった。優秀でなければダメだったのです。前田利家、堀秀政、長谷川秀一、森蘭丸。信長の男色相手は、いってみれば織田政権の幹部候補生でした。

じゃあ、信長はかわいがっていた彼らを大事に大事に育成したかというと、これがさにあらず。ぼくは体育会系ではなく文化系なんです、武官よりも文官としての才能が、とかそういうのは関係なく、ともかく戦闘にほうり込むわけです。戦場に連れて行って、どんどん戦いに参加させる。そうすると、実際の合戦では何が起こるか分かりませんから、全体では織田の勝ち戦であっても、運悪く討ち死に、なんてこともある。実際に森蘭丸の前任者、蘭丸以上に愛されていた万見《まんみ》仙千代（重元）なんかは、荒木村重を討伐する戦いで戦死してしまった。これなんて、犬死にもいいところです。

信長ほどの人ですから、有能な家臣が命を張るべき状況は知り抜いていたでしょう。「殿、ここは私が身代わりに。早くお逃げください」「わかった、そなたの死は無駄にはせぬぞ」なんてのは名誉ある討ち死に。でも「勝敗は決した。あとは追い首じゃ。

者ども、かかれえー。ん？　どうした仙千代？　なんじゃ流れ弾に当たりおったか」。これじゃあね……。

鶏を割くに焉《いずく》んぞ牛刀を用いん、といいます。でも信長はおかまいなし。かわいい幹部候補に、あんまり意味のない（とぼくには思える）殺し合いをやらせた。これは

大隈重信と早稲田大学

明治14（1881）年、早期の憲法公布と国会の即時開設を説く大隈は、伊藤博文との争いに敗れた。明治十四年の政変である。野に下った大隈は、翌年に立憲改進党を結成（尾崎行雄、犬養毅らが参加）するとともに「学問の独立」「学問の活用」「模範国民の造就《ぞうしゅう》」をうたって東京専門学校を開設した。これが現在の早稲田大学となる。

たぶん、信長が西郷と同じ尺度をもっていたためだと考えられます。とりあえず、敵を討ち取ってこい。クビをもってこい。それができて一人前だ、と。机上でどれだけの仕事をしても、それだけでは認められないのです。

最後に付言すると、大隈重信のほうも、西郷隆盛を評価していません。木戸孝允《たかよし》は多感多情で進歩主義の人、大久保利通は意志の強い優れた政治家、と褒めています。ところが、西郷に対しては、政治上の能力が果たしてあったのか？と手厳しい（『大隈伯昔日譚』『大隈侯昔日譚』）。

それが当たっているかどうかは別として、「英雄豪傑というのは、後世の人が賞《ほ》め立てたり、書き立てたりして英雄豪傑にしてしまうのだ。本当はやはり一個の人間で、長所もあれば短所もあるんである」（同）という大隈の冷静な言葉は、歴史研究者として、忘れてはいけないと思います。

なぜ大隈は肝が据わっているのか

野球の始球式。ご存じですよね。ゲームに先立ち、ゲストがマウンドに立ってボールを投げる。このとき宇宙人・新庄剛志だとマジで打ってしまうのですが、まあ普通の1番バッターは空振りをする決まりになっている。で、球場に沸き起こる拍手。……こういう光景、野球観戦に行くと、見ることができます。

ただし、この始球式は日本独自のものなんです。本場アメリカでは違う始球式を行う。たとえば貴賓席からゲストがフィールドへボールを投げ入れる、というパターンがある。あるいは日本のように、ゲストがマウンドに立ってボールを投げる形式のものもある。この時はバッターボックスに打者は立ちません。ホームベース近くでボールを受けるのは、ゲストにゆかりのある人物です（たとえば仰木《おおぎ》彬《あきら》さんがマリナーズに招かれて始球式をしたとき、受けたのはイチローでした）。

さて、話を元に戻して日本式の始球式。いつ頃始まったかご存じでしょうか？

答えは明治41（1908）年。このとき、アメリカの選抜チーム（中にメジャーの選手も含まれていた）が来日し、早稲田大の野球部と親善試合を行ったのです。このとき、始球式が催された。

となると、誰が記念すべき最初のボールを投じたか、お分かりですよね。そう、大隈重信だったのです。

11月22日、試合に先立つマウンドには、早大総長である大隈伯爵（のち侯爵、没後に公爵）。伯の投球はストライクゾーンから大きくそれてしまったのですが、このとき打席に立っていた早大の1番打者は、われらが総長先生の投球をボール球にしてはまずい、恥をかかせることになると判断し、わざと空振りをしてストライクに。

大隈が日本初の政党内閣の総理大臣になったのが明治31（1898）年のこと。総理が大隈で内務大臣が板垣退助。いわゆる「隈板内閣《わいはん》」（文部大臣になったのが尾崎行雄、また犬養毅）です。しかし、薩摩・長州の藩閥ではなく政党人の内閣なら素晴らしい政治ができたかというと、そういうわけでもなかった。旧自由党と旧進歩党との勢力争いにより、わずか4カ月で総辞職を余儀なくされています。その後、大隈は明治40年に政界を引退（のち復帰します）。早大総長に就任するなど、文化事業に精力的に取り組んでいました。

それで総長による始球式と相成った。これ以降、バッターは投球がボール球でも真ん中に来ても（かつて小泉純一郎元首相は、かっこよくど真ん中に投げましたね）、始球式の主役である投手役に敬意を表すため、空振りをすることが慣例となりました。この日本式の始球式はその後アジアの国々に広まっていき、さらには本場アメリカでも採用されることがあるそうです。

大隈という人は外交も財政もいけた。すごい政治家です。

早稲田大学と野球

早稲田大学野球部は日露戦争中の明治38（1905）年に渡米。スクイズなどの戦術から練習法、グラブや靴などの用具までさまざまな先進知識を持ち帰り、日本の野球黎明《れいめい》期に大きな役割を果たしている。早大はその後も米国との野球交流を積極的に進め、こうした流れの中で41年11月22日、来日した米国のプロ選抜チーム「リーチ・オール・アメリカン」と早大野球部との試合は行われた。
写真はリーチ・オール・アメリカンと一緒に納まる大隈重信（後列左から4人目）＝『野球歴史写真帖』（大正12年）から

でも、本領は外交だったのかな。その才能を高く評価したのが伊藤博文で、不平等条約改正を目的として、明治21（1888）年には外務大臣に登用しました。これ以前、明治十四年の政変で二人は激しく対立し、大隈は下野していたのに、です。その政敵である大隈を閣僚として抜する。このあたりは伊藤の懐の深さなのでしょう。また、国益のためならばと小さなメンツにこだわらずに伊藤に協力する。これは大隈の偉さだと思います。

次の黒田清隆内閣でも大隈は外務大臣に留任しますが、外国人判事を導入するという条約改正案を示して、反対派の強い批判を受けます。そのために明治22年10月、国家主義組織・玄洋社の一員である来島恒喜《くるしまつねき》に爆弾による襲撃を受け、右脚を切断することになりました。

このとき大隈は少しも騒がず、後には「吾輩は吾輩に爆裂弾を放りつけたやつを、憎い奴とは寸毫《すんごう》も思わぬ」「蛮勇でも何でも、吾輩はその勇気に感服するのである」（『青年の為に』）と語っています。西郷さんは大隈を俗吏として評価しませんでしたが、いやいやどうして、彼は肝の据わった人物だったのです。

会津の気骨を示した山川兄妹

ぼくは中高一貫校の武蔵学園（私立）というところに在籍していました。ぼく自身の成績は並か並の下。日常の活動も良くも悪くも目立つところなく、まさに「その他大勢」の一人でした。ところがぼくの学年はきわめて優秀で、各界で活躍する人材を輩出しています。

なかでも、睡眠の科学的解析に多大な業績を挙げている柳沢正史《まさし》くん（筑波大学国際統合睡眠医科学研究機構長・教授）は「日本でノーベル賞にもっとも近い人物」などと紹介されることがありますね。彼は平凡を絵に描いたようなぼくのことなど覚えていないに違いありませんが、ぼくのほうは高3のときに「山川賞」を獲得した彼の活躍を「すごいなあ」と感嘆して眺めていました。まさに栴檀《せんだん》は双葉より芳《かんば》し、というわけです。

この山川賞、武蔵学園内の特別な賞で、理系の研究を対象に与えられます。受賞のハードルはきわめて高く、大学の研究者から「素晴らしい」と評価されることが条件ですので、めったに授与されることがありません。ところがぼくの学年は、文系の山本賞、理系の山川賞、ともに受賞者を出したのです。同期としてはまことに誇らしい限り。はいはい、ぼく自身は平々凡々、まったく関係ないのですが（ちなみに山本賞を受けたのは、建築史学の第一人者であり、いま工学院大学で理事長の任にある後藤治くん）。

山川賞の名は武蔵学園の前身、旧制武蔵高等学校の校長を務めた山川健次郎

（1854〜1931年）先生に由来します。山川先生は明治時代から昭和初期にかけての日本の物理学者で教育者。男爵、理学博士（東大初）。会津藩出身で白虎隊の隊士として新政府軍と戦い、後に国費でアメリカに留学してイエール大学に学びました。帰国後、東京開成学校に勤務して、48歳で東京帝大の総長に。その後、九州帝国大学の初代総長、京都帝国大学の総長、それから旧制武蔵高校校長などを歴任。貴族院議員、枢密顧問官にもなっています。「初めてカレーライスを食べた日本人」でもあるそうです。

山川先生は会津藩で1千石を取っていた家老の家に生まれたのですが、その妹さんが、有名な大山（山川）捨松。大山巌《いわお》元帥夫人です。彼女は日本初めての「女性の官費留学生」として兄と同じときに渡米。明治4年、満11歳のことでした。留学の予定期間は10年。異国の地で長い年月を過ごすことになる娘を、母のえんが「娘のことは一度『捨て』たと思って帰国を『待つ』のみ」という思いから、本来は「さき」という名を「捨松」に改名させたと伝わります。それくらい悲壮な覚悟で送り出したのですね。

列強に追いつけ追い越せの時代ですから、次世代のリーダーとして期待される若い男性はどんどん留学させ、外国の優れた学問・技術を学ばせる。これは国是でした。でも、それと並行して、しかるべき若い女性を留学させようという計画も立ち上がりました。立案者は黒田清隆。女性教育に強い関心をもった彼が、のちに酒を飲んで妻を斬るというスキャンダルにまみれたのは運命のいたずらというべきでしょうか。

白虎隊士から東大総長になった山川健次郎

会津藩士・山川重固《しげかた》の三男。子供の頃から秀才として知られる。満17歳で国費留学生として渡米。自らを厳しく律するために、わざと田舎町に住み、必死に英語をマスターした。戊辰戦争で亡くなった同郷の人々を思い出しながら研究に打ち込み、物理学者となった。このあたりの性根は、現代の私たちとは明らかに異なる（国立国会図書館所蔵）。

当時は「女性に教育はいらない」という時代。政府が募った留学計画に応募した女子はわずか5人のみ。みな幕府や会津藩など、いわば「賊軍の家」の子供たちでした。彼女らの父母には、娘や妹を10年間の官費留学という国家事業に参加させ、ひとたび受けた賊の汚名をすすぎたい、家の名誉を回復したい、という意図があったのかもしれません。

5人の留学生は無事アメリカに到着したものの、うち2人はホームシックになり、早々に帰国してしまいました。残った3人が山川捨松、永井繁子（のち海軍大将・瓜《う》生《りゅう》外吉《そときち》夫人）、それに最年少（満6歳）だった津田梅子です。彼女らは親友となり、交友は生涯続きました。なお、永井繁子はあまり有名じゃないな、なんて思っていたのですが、彼女の実兄は三井財閥を支えた実業家、また「千利休以来の大茶人」として有名な益田孝なんですね。幕府軍医の永井家の養女になっていて、姓が変わっていたので気がつきませんでした。

第5章　「男と女」の立ち位置の行方

「徴兵されないなんてラッキー」か

現在の日本が直面している深刻な危機の一つは、人口減少の問題でしょう。いかに効率の良い労働環境を整備したにせよ、労働人口が減少すれば生産力自体が振るわなくなり、それは当然、国際競争力の弱体化をもたらします。となると、この問題への対処は、普通に考えて二つあることになる。A、日本という国に魅力を感じてくれる海外の方を日本人として迎え入れ、人口を増やすこと。もしくはB、わが国が物理的に貧しくなっても従容として受け入れられるよう、精神を鍛錬することです。

でも、これは私たちにはどちらも耐えがたい。Bについて言えば、「富国強兵」をスローガンとした明治維新以来150年、日本人はとにもかくにも生産力を高めることに邁進してきた。路線の変更はそう簡単なことではありません。Aはさらに歴史が長い。（アイヌなど少数民族の問題はありますが）島国である日本に住む私たちは、外国から侵略を受けない「一つの民族」としてやってきた。生活習慣は「一つの民族」を前提として成立していますので、これを変えることは容易ではありません。

ＡもＢもダメ。ならばどうしましょう？ そうすると、社会の中に、新しく優秀な労働力を発掘するしかないのではないか。当然、それは女性ということになります。昭和の高度経済成長モデルでは、お父さんは外に働きに出かけ、お母さんが内にいてサポート役に徹していた。言葉を換えると、家庭の中に閉じ込めていた（高齢者の介護もお嫁さん）。その女性に、いきいきと働いてもらう。それが令和スタイルになるのだと思います。

ただ、それが、女性を家庭から無理やり追い出す、というかたちになってはいけません。女性が働きやすい環境を、できうる限り整えねばならない。以前「ヨーロッパの知性」とも称される人口学者のエマニュエル・トッド氏とお話ししたとき、出生率が増加に転じたフランスでは何が功を奏したのか、と尋ねてみました。すると、「なりふりかまわず、女性を大切にするしかない」というものすごく分かりやすい答えが返ってきました。「あんまり大きな声では言えないが、オレたち男性には、すごく肩身の狭い世の中になるよ、本郷さん」。トッド氏はそう言ってウインクしました。

私たちは女性が充実感を感じ、自己実現を図れるような環境を早急に整えねばならない。このときに、むしろシニアの女性の側から「そんなにする必要があるのか？」

と疑問を呈されることがあります。考えてみるともっともです。彼女たちは男社会の中で歯を食いしばって奮闘してきた。子供を産み育て、家事をおろそかにせず仕事を人一倍こなし、卓越した地位を築いてきた。私たちの世代はほったらかしにされたのに、なんでいまの子たちをそこまで優遇するのか？　ここに、「女性の敵は女性」の図式が成立します。でもそれはあまりに悲しい。

そこで、歴史の出番だとぼくは考えます。女性たちが日本の歴史の中で、どの時代にどれくらい自由に活動できたのか。話を社会の上層（字を使いこなせる）に限定すると、大ざっぱにいって、貴族の時代やエリアでは女性はのびのびとしている。けれども武士が支配的な時代や場所では、女性は窮屈な思いをすることになる。性の優劣とはまったく関係ありませんが、殴り合いをすれば、生物学的にいって、女性は男性にはかなわない。だから、暴力や武力が表看板になる武士の社会では、女性はつらいわけです。

とくに江戸時代には、武士が社会のリーダーと位置づけられ、男尊女卑の価値観をもつ儒教が国教のように扱われました。女性の地位がもっとも低かったのは、この時代だったのではないでしょうか。また明治時代はこの江戸の風を色濃く受け継いでいましたから、女性が自立するのは本当に困難だった。ぼくが教えていた女子大生は「徴兵されないなんてラッキー」と無邪気に笑っていて、プライドのないぼくはそれもそうか、と納得しかけましたが、そうではありません。列強に追いつき追い越そうとする日本には、義務を果たさぬ権利が認められるような余裕などあるわけはなく、

陸軍軍医の大立者、石黒忠悳《ただのり》

1845～1941年。悳は徳の異体字。日本初の女医、荻野吟子の後援者の一人。軍医、茶人、子爵。父母を早くに亡くし、伯母の嫁いだ越後の石黒家の養子になる。江戸へ出て幕府医学所で学び、明治政府の兵部省に入って軍医になった。軍医制度の確立に尽力して、明治23（1890）年には自ら軍医の頂点に立った。当時、陸軍では脚気《かっけ》の患者が多く出たが、これは彼が兵に1日6合もの白米を食べさせたため、との批判を受け、7年後に職を辞した。だが、長州閥の山県有朋らと親しく、退職後も隠然たる影響力を保った。写真は晩年の石黒（『懐旧九十年』昭和11年刊から）

女性はいわば総体として二等国民として扱われた、という理解が正しいと思います。だから、参政権などはもってのほか。

こうした環境でも男性の2倍も3倍も努力して、社会進出を果たした女性はいた。彼女たちのがんばりがあったからこそ、戦争後の「男女平等」が曲がりなりにも実現したわけです。それを知れば、後代の女性へバトンを渡すことがどれだけ大切かは納得できるし、「女性の敵は女性」のような悲しい事態は避けられるのではないかな。

そんなことを考えていたときに、ある女性だけの勉強会から、「女性が元気になるような話をしてくれ」と依頼が来ました。ぼくは考えた末に、女医第1号、荻野吟子さんの生涯を話してみよう、と思い立ったのでした。

「女性が元気になるような話」

お医者さんが職業として成立したのは戦国時代といわれていて、あの明智光秀も朝倉氏に仕えていた時期に、医者のアルバイトをしていたようです。また、森蘭丸の兄で勇将として知られた森長可《ながよし》は、小牧・長久手の戦いの直前に遺書をしたためているのですが、そこで妹にあてて、武士の家には嫁に行くな。京都で生活し、医者に嫁げ、と指示しています。

江戸時代には「医師免許」はなかった。責任をもって医者を育成したのは、幕府でも藩でもなく、それぞれの「地域」でした。江戸後期、医者や知識人、また彼らのスポンサーとなった有力商人たちのコミュニティーが、各地に生まれていました。コミュニティーは「地域の文化的な生活」に貢献し、また「地域の明日」を担う若い才能の発掘に努めました。Aという有望な若者を見つけ、資金を出し合い、長崎や大坂、江戸などに遊学させせました。

Aは師を求め、漢方や最新の蘭方医学の習得に努めます。学業が成ると故郷に帰って医者として活動し、新しい医療を広めました。また年を経ると、Aは若い才能を育てる側にまわります。かくて「地域の医学」は受け継がれていったのです。明治維新が成立すると、新政府はこのような状況を踏まえつつ、欧米にならって「医術開業試験」を設けました。

さて、日本初の女医、荻野吟子をご紹介しましょう。彼女は嘉永4（1851）年、現在の埼玉県熊谷市俵瀬の名主の家に生まれました。生家は苗字《みょうじ》帯刀を許された豪農。渋沢栄一と同じ階層ですね。何不自由なく育った彼女は満17歳のときに、近隣の名主の跡取りと結婚しました。ところがこいつがとんでもなかった。よそで淋病《りんびょう》をもらい、吟子にうつしたのです。そのことで二人は離婚。19歳の吟子は上京して入院。治療のおかげで病は治りますが、子供を望めぬ体に。でもその失意の中、彼女は女医になろうと決心します。当時の医師はすべて男性。その男性医師に下半身を診察されるのは屈辱でした。それで自分が女医になり、同じ恥辱に苦しむ女性たちを救おうと思ったのです。

明治8（1875）年、24歳で東京女子師範学校（後のお茶の水女子大学）の1期生として入学。4年後に首席で卒業。同校教授の紹介で知遇を得た陸軍軍医監、石黒忠悳《ただのり》の口利きで秋葉原にあった私立医学校への入学を許されました。男子学生からさまざまないじめを受けながら、3年後に優秀な成績で修了。ここでいよいよ東京府に医術開業試験願を提出したのですが、試験を受けること自体を却下されました。かつて日本には女医はいなかった、前例がない、という理不尽な理由からでした。翌年に試験願を提出しても、やはり門前払い。

困り果てた吟子でしたが、彼女に同情した実業家の高島嘉右衛門《かえもん》（1832〜

1914年。横浜の発展に尽力し、横浜の父と称される。占いでも有名）が内務省衛生局局長、長与専斎《せんさい》を紹介してくれました。そこで吟子は古い文献『令義解《りようのぎげ》』の記述を根拠に、古代に女医がいたことを説明。このプレゼンには国学者の井上頼圀《よりくに》（1839〜1914年。國學院大学の前身である皇典講究所を設立。吟子の師の一人で、彼女を後妻にと望んだ）が協力しています。また石黒忠悳も長与局長に面会して直談判。これを受けて、ついに「学力がある以上は、開業試験を受けることを許可して差し支えない」ということになり、明治17年に「女医公許」が決定。ようやく女性の受験が認められたのでした。

同年9月、医術開業試験の前期試験を他の女性3人と受験、吟子1人のみ合格。翌年3月、後期試験を受験し合格。その年の5月、湯島に診療所「産婦人科荻野医院」を開業（のちに下谷に移転）し、近代日本の女医第1号となりました。時に吟子34歳。女医を志して15年が経過していました。

明治19年、彼女はキリスト教の洗礼を受けます。廃娼《はいしょう》運動にも熱心に取り組みました。23年、39歳のとき、キリスト教を通じて知り合った志方之善《ゆきよし》と結婚。志方は当時まだ同志社の学生で、13歳年下。周囲の反対を押し切っての結婚でした。

この志方さん、足跡から判断するに、どうにも夢見がちなタイプだったらしい。足が地に着いていないと言いますか。理想郷の建設（苦笑）をうたって北海道に渡り、開拓に従事しながらキリスト教の伝道に励みました。ただし吟子さんには情熱にあふれる、ロマンの王子に見えたかな。明治27年、彼女はそれまで得たすべてを捨てて、

吟子の主張を認めた長与専斎

1838〜1902年。肥前国大村藩医の子として誕生。大坂の緒方洪庵の適塾に入門、塾頭となる。また長崎に赴き、西洋医学を学んだ。明治4（1871）年には岩倉使節団に加わり、西欧の医学教育や医療制度を視察。帰国後、内務省に衛生局を作って初代局長に就任し、日本の衛生行政の基礎を築いた。英語のhygieneを「衛生」とする訳語は彼が採用したものである。24年まで長きにわたり衛生局長を務め、元老院議官、貴族院議員、宮中顧問官にも任じられ、医学界および衛生行政に重きをなした（国立国会図書館所蔵）。

志方の待つ北海道に移住。30年、道南の瀬棚村（現在の久遠郡せたな町）で診療所を開業しました。志方は開拓事業に失敗（やっぱり）した後、あっちにふらふら、こっちにふらふら。職も住居も安定せぬまま、38年に病没しました。吟子はその後3年間を瀬棚で過ごし、ひとり診療を続けました。

明治41年、57歳で帰京。本所区新小梅町に医院を開業し、晩年を送った吟子は、大正2（1913）年、脳卒中により逝去しました。夫とはまるで違い、使命感と責任感にあふれる、62年の生涯でした。

恋愛におおらかだった日本人

日本文化の枠は恋である、とおっしゃったのはたしか丸谷才一さんと記憶しています。日本文化の中心には古代の昔から和歌があり、良い和歌を詠めることが文化人たる大前提でした。その和歌の中心テーマが「恋」。平安の貴族たちは、おいもう少し民のことも考えろよ、と言いたくなるほどに政治のことなどそっちのけ。風雅の世界に生き、音楽を奏で、和歌を詠む技を磨き、女性とのロマンスを楽しんでいました。

中世に入っても「色好み」は忌避すべき価値観ではなかった。軍事力が尊重される武家の社会でも、北条政子の例でも分かるように女性は大切にされ、政治的な発言力をもった人も少なからずいたのです。女性城主だって、もちろんいた。まあ例の井伊直虎さん（2017年の大河ドラマ『おんな城主　直虎』の主人公）は男性だった可能性が高いのですが、文書がしっかり残っているところでは筑前・立花山城城主の立花誾《ぎん》千代《ちよ》さん（後の筑後・柳川城主の立花宗茂夫人）。豊臣秀吉夫人の北政所は、実質的な長浜城主として夫を支えましたし、関ケ原以降の大坂城の城主は、誰が見ても「おふくろさま」＝淀殿だったわけです。

中世の貴族社会ではもちろん、恋が高い価値をもっていました。鎌倉時代は和歌が盛んだったから当然のことですが、和歌が力を失いだした室町時代にしても『源氏物語』が高い評価を受けていたのですから、やっぱり恋は偉大だった。

わりと知られていないことですが、『源氏物語』が女官のみならず貴族みなの必読の書となったのは、室町時代のことなのです。また、忘れてはならないのは、恋が大切だったということは、それだけ女性が大事にされていた、ということです。「女三《さん》界《がい》に家なし」なんてひどいことが言われるようになるのは、儒教が盛んになった江戸時代になってからです。

さて、日本文学の最高峰とされるこの『源氏物語』、皆さんは読まれたことはございます？　ぼくは大学入試の前に、受験対策として読みましたが、正直なところ胸に刺さることはありませんでした。10代のぼくは、えー、光源氏って、マザコンでロリコンで熟女もいけてネトラレスキーなんだ（熟女とかネトラレとか、その頃そんな言葉ありませんでしたが）、見境のない人だなあ、で終わり。まあ、そんなだから恋とは縁のないつまらぬ人生を送る羽目になったのかもしれませんが。

光源氏が母の面影を求めて藤壺を慕い、ヒロインは自分が育てた紫の上だろうからロリコンで、妻の女三宮《おんなさんのみや》（光の君の異母兄の娘。つまり姪《めい》だから現在ならアウト）は柏木とのあいだに薫をもうける。熟女が抜けてるがこれはどうなんだというと、ここで「源のすけのないし」の出番です。

すけのないしは、漢字で書くと「典侍」。天皇のそば近くに仕える女官が内侍《ないし》ですが、彼女たちのトップは「ないしのかみ」（定員2名）、次が「ないしのすけ」（定員4名）、3番目が「ないしのじょう」（定員4名）。ないしのすけ＝すけのないしは典侍ですが、他の二つは漢字で「尚侍《ないしのかみ》」と「掌侍《ないしのじょう》」。尚侍は名前だけあって置かれないのが普通でしたから、実質的なトップは典侍だったのです。
『源氏物語』世界の源の典侍は「色好み」、すなわち恋愛上手として聞こえた人でし

〝田舎源氏〟こと徳川家斉

1773〜1841年。華やかな後宮、というテーマにふさわしい天皇や貴族の肖像が史料編纂所にはないので、多くの女性に囲まれた将軍に登場していただいた。家斉は御三卿の一つ、一橋家の徳川治済の長男。10代将軍家治の養子となり、11代将軍となった。特定されるだけで16人の妻妾《さいしょう》をもち、子供53人（男子26人、女子27人）をもうけた。在位は50年に及ぶが、政治にはほとんど干渉しなかったという。この点、光源氏に似ている（東京大学史料編纂所所蔵模写）。

た。長年の恋人として周囲に認められた人物として「修理大夫」という貴族もいる。この人が源氏の君と結ばれる。二人で同衾《どうきん》しているところを、源氏の君の良きライバルである頭中将に踏み込まれる、なんていう描写もありました。このときの光の君が18歳くらいだと記憶していますが、問題なのは源の典侍の年齢。たしか57とか58なんですよ。人生「50年」の頃（乳幼児で亡くなる例を含めると平安時代の平均寿命は30歳ほどに低下する）ですから、どうみても「おばあちゃん」ですよね。いやあ、すごい。もうこうなると、あっぱれです。

現代人には十分かわいい「醜女《しこめ》」

お姫さまといえば、「麗しい」「美しい」という形容詞で語られることが多いわけですが、それがあくまでも当時の美意識をもとにしての評価であることには要注意です。たとえば、男性の話になりますが、『源氏物語』の「玉鬘《たまかずら》」で、九州に居住するお姫さまである玉鬘にしつこく言い寄ってくる土地の有力者が描かれています。

実はこの人、南北朝時代には南朝に忠節を尽くし、戦国時代に至るまで肥後を代表する武士団として活動した「菊池家」の草創期の人物をモデルにしているらしい、と推定されています。地方の名家の人だった。それでこの人は「でっぷりとしている」んですね。だから作者の紫式部は「太っていて、汗臭そう、かっこわるい」と書くかと思いきやそうではない。「太っていて、そこは良いのだけれど」、振る舞いがなんとも田舎じみていて優雅じゃないのでダメ、となるのです。

つまり「でっぷりしている」のは平安時代中期には、プラス材料なんですね。たしかに現代でも、経済的に貧しい国では、「太っている」＝お金持ち＝プラス材料、というところはあるようです。ぼくでも平安時代中期にタイムスリップすると、もてるかな。

じゃあ、女性はどうなのかというと、お姫さまの「美しさ」の決め手は、なんといっても「つややかで長い黒髪」なんです。そういえば、百人一首のお姫さまたち、みんなストレートの超ロングですよね。あれは、生まれたときからずっと切らないいんですよ。だから、あの長さになる。となると、当然洗うのがたいへんです。1カ月に1回、使用人が総出で、お姫さまの髪を洗うらしい。

いまはあまり聞かなくなりましたが、「朝シャン」なんて言葉があって、若い女性が毎朝シャンプーする、という習慣があったように記憶しています。これに比べて洗髪が1カ月に1回だと、いろいろ匂いそうですね。いや、へたすると「臭う」か。貴族はお香を着物にたきしめるわけですが、香水と違って甘い香りじゃない。女性用であっても、みな沈んだような渋い匂いなんです。あれ、髪の毛の匂いを意識しているんじゃないのかな。想像にすぎませんが。

それから、花のかんばせは絵巻物に描かれている「引目《ひきめ》・かぎ鼻」です。目はあるかないかの細目が良い。鼻も自己主張のない、ちょこっとした鼻。それが美しいのだ、となっている。本当かな？　絵画表現の約束事にすぎないんじゃないのかな。たとえば一昔前のインド映画ではキスシーンはご法度だった。人前でキスするなんてとんでもない。それで男優さんが掌《てのひら》をドン！と前に突き出すしぐさをすると、それはキスをしたことを示す、という約束事、象徴的なポーズがあったそうです。

この考え方の傍証（?）になるのが、浮世絵の美人。江戸時代末期でも、浮世絵の美人というと、つり上がった細い目になる。でも写真が広まった明治時代の美人たちの写真を見ると、ぼくたちがいうところの美人とたいして変わらない。誰もあんな特徴的な目の人はいない。やっぱり「引目・かぎ鼻」は写実が重んじられない時代の、あくまでも実態を反映しない「美人のお約束」にすぎないのかな。そう思っていました。

ところが、鎌倉時代後期に成立したという『男衾三郎絵詞《おぶすまさぶろうえことば》』を見てびっくり。武蔵の有力武士、男衾三郎は兄の忘れ形見を養います。この少女がとても美しいのに対して、三郎の実の娘はかわいくない。そこへ都から貴公子がやってきます。三郎は自分の娘を彼の妻にしようと画策しますが、観音さまの導きを得て、姪の美少女が貴公子と結ばれるというお話。『絵詞』という作品はストーリーに絵が付随します。そこで美少女の絵を見ると、これぞまさしく「引目・かぎ鼻」。京都のお姫さま風に描かれています。そこで彼女の恋のライバルである「醜女《しこめ》」の絵を見て驚いた！ 目はぱっちりとしていて、鼻はすっと高い。ショートヘアでパーマをかけたようなくせっ毛。え、これが「醜女」なの？ 現代のぼくらから見たら、十分にかわいいじゃないか。

これって、『源氏物語』の太っちょがすてき、と同じではないでしょうか。価値観が違う。美的感覚が違う。まあ、バブルの頃の「ワンレン・ボディコン」や、「ソフトスーツ」、いままったく見ませんものね。美しさ、かっこよさって変化するものな

賀子内親王

1632～96年。史料編纂所の模写のうち、お姫さまというとこの方。父は後水尾天皇。母は徳川和子《まさこ》（2代将軍秀忠の娘）。13歳のときに内親王宣下を受け、このときに「賀子《よしこ》」と名乗る。翌年、従兄の二条光平（母が後水尾天皇の同母妹、貞子内親王）に嫁ぐ。二人の間には姫が一人生まれ、この女性は徳川綱重（3代将軍家光の子。6代将軍家宣の父）の正室となった（東京大学史料編纂所所蔵模写）。

のかもしれない。それは心にとめておいたほうがよいのかもしれません。

武士の婚姻は生死に直結するか

スランプです。原因としては2018年末に父が亡くなったこと、それに伴い葬式などでお金が結構なくなったこと、相も変わらずツイッターや読書感想文などで匿名で罵声《ばせい》を浴びせかけられること（ぼくはメンタルが紙装甲なのです）、ルーティンワークは減らないのに年をとって体力がガタッと落ちたこと等が考えられるのですが、そこで記すのが、日本中世のお姫さま列伝です。

まずその前提として、お姫さまの婚姻の重さからお話ししましょう。A家とB家が婚姻で結びつく。これはぼくらが考えるより、相当に重い意味をもったらしい。そう感じたきっかけは、源義経です。義経の愛した女性といえば白拍子（妙齢の女性が男装して歌い舞う）の静御前《しずかごぜん》が有名ですが、彼女は愛人。奥さんではありません。じゃあ正室は誰かというと、河越重頼という武士の娘です。

平安末、武蔵国を代表する武士団は秩父《ちちぶ》党というまとまりを有していました。秩父というと、あれ、そんな丘陵地に武蔵随一の武士団が?といぶかる向きもあろうかと思いますが、現在の東京23区、およびその東側の土地は当時はすぐに水浸しになり、農業に不向きでした。

ですから武蔵国の国衙《こくが》（いまでいう県庁）は府中市にあった。国分寺は名前の通りですが、国分寺市に建てられた。西のほうが栄えていたのです。武士の本拠地の選定も同様で、丘陵地の秩父地方が好適とされました（ちなみに濃尾平野でも武士の本場は土岐《とき》や恵那など、平野でなくて丘陵地）。河越氏はその秩父党の代表です。つまり武蔵で一、二を争う有力武士だった。

河越重頼は源頼朝のお声掛かりで、娘を義経に嫁がせました。婚姻のとき、義経は源氏の一門として重んじられていましたが、やがて頼朝と対立。指名手配犯になってしまいます。重頼の娘は奥州平泉への逃避行に同道。平泉で暮らした後、夫が藤原泰《やす》衡《ひら》の襲撃を受けると、ともに衣川の館で亡くなりました。

さて、問題はこのときの重頼です。彼は義経の罪に連座して、義経の滅亡に先んじて誅殺《ちゆうさつ》されてしまったのです。婚姻は頼朝のお声掛かりの産物で、重頼から望んだものではない。それなのに罪人の義父、ということで殺されてしまった。

頼朝にしてみれば、鎌倉に近い武蔵の有力武家を滅ぼすという政治的判断だったのでしょうが、興味深いことに、朋輩《ほうばい》の御家人たちがこの措置に異を唱えているふしがないのです。つまり、婚姻して縁戚になるということは、武士にとってそれだけ重い。運命を共にすることまでを意味していた。それから、婚姻がそれだけ大事だとすると、嫁に行ってA家とB家を結びつける女性の地位も、相当に高かったと考えられるでしょう。

源頼朝が木曽義仲や平宗盛を蹴落としてなぜ成功したのかというと、その一因は文官集団の編成にあるといえます。彼は旗揚げ当時から、積極的に文官、文書行政の担い手をスカウトしていました。戦い＝軍事は武士の専門領域ですが、政治や朝廷との外交となると、やはり文官が必要になる。頼朝はそれをよく知っていたのです。それで中原親能《ちかよし》とか三善康信らが活躍することになるのですが、その代表が大江広元でした。

広元の子に毛利季光《すえみつ》という武士がいます。相模国の毛利荘《もりのしょう》を本拠にしていて、それで毛利（読みは「もり」か）を姓にしていました。彼は文官の子であるにもかかわらず武士として生きることを選択し、承久の乱などで大活躍します。幕府の有力御家人として日々を送っていたところ、宝治元（1247）年に宝治合戦が起きました。これは幕府創成時からの重臣、三浦氏が執権・北条氏の挑発に乗って始まった戦いでした。

大江広元の末流、吉川元春

毛利家は大江広元から始まる。広元は中原姓を名乗り、朝廷の下級官人だった。幕府での功績により三位の位階を得ることも可能になった時点で、その位階にふさわしい大江に姓を改めた（三位への昇進には結局、失敗した）。その四男が季光で、季光の子孫が毛利元就。元就の次男の元春は吉川家の養子となるが、吉川家も鎌倉以来の名家である（東京大学史料編纂所所蔵模写）。

季光は北条氏が勝つと判断し、北条陣営に加わるべく家を出ました。すると三浦家からやってきた妻（当主である泰村《やすむら》の妹）が「兄泰村を見捨てることは、武士のすることではない」と非難したのです。季光は思い直し、敗色濃厚な三浦に味方し、結局敗れて滅んでいきました。「兵《つわもの》の道」

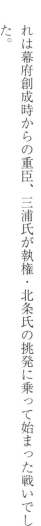

に殉じたのですが、この事例でも婚姻の重さが分かります。

ちなみに相模の毛利荘を失って安芸国吉田荘に移り住んだ季光の子孫から、戦国大名の毛利家が生まれます。

実はややこしい百人一首の「姫」

お姫さまを語る、と前項で申しましたが、スランプのせいか、適当なお姫さまが思い出せません。ようやく思い浮かんだのが、「百人一首のお姫さま」でした。

百人一首はいうまでもなく和歌を覚えた上で遊ぶ遊戯ですが、100首を暗記するのはたいへんです。それで本来の遊び方ではなく、小さな子供も楽しめるゲームとして「坊主《ぼうず》めくり」が考案されました。絵札に描かれた人物を「男性（殿）、僧侶（坊主）、女性（お姫さま）」に分け、絵札を取り合う簡単なものです。

人物の絵柄には「この姿が絶対」という決まりが、どうやらないらしい。メーカーによって、変わってくる。具体的にはA「法性寺入道前関白太政大臣《ほっしょうじにゅうどうさきのかんぱくだじょうだいじん》」、B「入道前太政大臣」、C「蝉丸《せみまる》」、この3人は「殿」なのか、「坊主」なのか。Aは保元の乱の主要人物である藤原忠通（悪左府《あくさふ》頼長の兄）、Bは鎌倉時代前期の主要貴族である西園寺公経《きんつね》ですが、ともに晩年に出家しています。それで貴族の姿で描かれることもあり、出家の姿のこともある。Cの蟬丸は身分の低い雑色《ぞうしき》だったともいうし、逆に皇子だったという説もあって出自や経歴が分からない人ですが、少なくとも僧侶ではない。でも着ている衣服などから、「坊主」に数えられることが多いようです。坊主めくりのローカル・ルールでは、決まって重要な役割を振られるのがこの蟬丸です。

さて問題の「姫」ですが、紫式部や清少納言など、21人います。これを畳などに座っている「えらい姫」と「ふつうの姫」に分けることがある。「えらい姫」は①「持統天皇」、②「式子内親王《しきしないしんのう》」、③「赤染衛門《あかぞめえもん》」、④「待賢門院堀河」の4人を指し、「ふつうの姫」は残りの17人、という分類が多いようです。

①と②の女性は皇族ですので、繧繝縁《うんげんべり》というカラフルな縁の畳に座っています。①は説明不要ですね。②は後白河天皇の皇女で、百人一首を選んだ藤原定家の想《おも》い人とのエピソードもある方です。③と④の女性は白黒の高麗縁に座っている。④は鳥羽天皇の中宮の待賢門院（藤原璋子《しょうし》）に仕えた堀河さんという女官。平安京の通りの名前にしている人はざっくりいって、えらい。だから「えらい姫」に入っているのは分か

るのですが、問題は③。赤染衛門が「えらい」扱いされているのはなぜなんだろう？　彼女のお父さんや夫はそれほど高位の貴族ではない。紫式部や清少納言と変わらないはずなのですが。

高貴な女性について、もう少し説明しておきましょう。天皇の子女のうち、男性は親王で女性は内親王。これは皆さんご存じだと思いますが、親王・内親王を名乗るためには「親王宣下」という階梯《かいてい》を経なければいけません。たとえば源平の戦いの発端をなした以仁王《もちひとおう》は、なぜか父の後白河上皇から愛されず、親王宣下を受けられませんでした。そのため、以仁親王ではなく、以仁「王」なのです。女性もまた同じ。

内親王は至上のお姫さまですが、これに並ぶのが皇妃《こうひ》と女院《にょいん》です。皇妃とは天皇のお后《きさき》ですね。天皇の妻のうちもっとも格の高い方が皇后で、その女性は天皇の代替わりとともに原則として皇太后、太皇太后となる。これが「三后《さんこう》」で、三后に準じるのが准后《じゅごう》。また皇后と同格なのが中宮《ちゅうぐう》。ややこしいですね。

こうした皇妃は特別な待遇（その方のお世話をする役所が設けられ、役人が配置されるなど）を受けますが、出家すると、その待遇は停止されることになっていました。でも、出家後も丁重な扱いを続けたいというので考え出されたのが女院です。皇妃や内親王など、特別の女性から選ばれて、都の通りの名の「八条院」や、御所の門の名である「美福門院」という称号を贈られます。院庁という役所をもち（たとえば八条院であれば八条院庁という）、職員が置かれ、女院の日常生活や財産の管理がなされるのです。

八条院とは、鳥羽上皇と美福門院とのあいだに生まれた暲子《しょうし》内親王です。父君の寵愛《ちょうあい》を受け、二条天皇の准《じゅん》母《ぼ》に擬せられ（異腹の兄である後白河上皇の子が二条天皇、という血縁関係になる）、女院宣下を受けて八条院となりました。皇妃を経ずに女

八条院

繧繝縁《うんげんべり》の厚畳の上に茵《しとね》を置き、座っている姿。茵は座ったり寝たりするとき、下に敷く敷物である。使途により方形または長方形で、多くは綿を内包している。鳥羽上皇が鍾愛《しょうあい》した姫宮で、同母弟の近衛天皇が若くして亡くなったときには、有力な天皇候補となった。以仁王を養育していたことから、平家追討を目指した王の挙兵の背後に、八条院の存在をみる説もある（東京大学史料編纂所所蔵模写）。

院宣下を受けた初めての女性です。八条院領と称される膨大な荘園を所有し、大きな政治的権力を保持しました。まさにスーパーお姫さまですが、この方の歌は百人一首には取られていません。

革命闘争はまず恋愛から？

ぼくが大学に入学した昭和50年代には、いわゆる「左」勢力のオルグ活動が盛んでした。夏休みなどに自然を満喫しながら合宿をし、改革を議論しよう。かわいい女の子も参加するよ、と勧誘を受けたのです。同級生だったぼくの妻などは、狭い場所での若い男女の共同生活とか、なんか気持ち悪い、絶対に行かない！と嫌悪感をあらわにしていました。まあ連合赤軍事件などを見ると、たしかに女性の「同志」は仲間内で人気が高く、複雑な男女の関係が育まれやすかったようです。

平成30年のはじめ、和歌山県新宮市は大逆事件（幸徳《こうとく》事件）で刑死した同市出身の医師、大石誠之助（1867〜1911年）に、名誉市民の称号を贈りました。大逆事件とは明治43（1910）年、明治天皇への爆弾テロを企てたとして、社会主義者・

無政府主義者が次々と逮捕され、著名なジャーナリストであった幸徳秋水《しゅうすい》をはじめとする12人が処刑された事件ですが、実際に関与したのは宮下太吉・新村忠雄・管野《かんの》スガらで、幸徳や「毒取る（ドクトル）さん」と地元・新宮で多くの人に慕われた大石らは冤罪《えんざい》であった可能性がきわめて高い。少なくとも新宮市は、大石は無実である

管野スガの元夫、荒畑寒村

1887〜1981年。社会主義者・労働運動家。日本共産党と日本社会党の結党に参加。戦後3年ほど衆議院議員。本名は勝三。6歳年上の妻・管野スガから離婚されたときには激怒し、殺害まで計画したという。3回の結婚の後、90歳で40歳の女性に熱烈な恋をした。純粋なんだなあ。

と判断したわけです。

皇族の弑殺《しいさつ》を大逆といい、そうした犯罪を広く大逆事件といいます。近代史上で大逆事件は4件計画されていますが、ふつう大逆事件というと、明治末年の幸徳事件を指します。国家元首たる天皇の暗殺という驚天動地の計画の存在を知った明治政府は、この機会に社会主義者や無政府主義者の一網打尽を図ったといわれます。ちなみに大杉栄、荒畑寒村《かんそん》、堺利彦、山川均《ひとし》らは獄中にいたために、事件への連座を免れました。

ぼくはふとしたことから大石のことを調べていたのですが、そこで管野スガの事績に行き当たりました。彼女の思想とか社会活動の評価はぼくの手に余るのですが、なにしろビックリしたのは、恋愛に対する積極性です。大杉栄をめぐっての進歩的な女性たちの闘いは知っていましたが、スガさんもすごい。

彼女は明治14年、大阪に生まれました。19歳のとき、東京深川の裕福な商人と結婚しましたが、郭《くるわ》通いの夫に嫌気がさして離婚。大阪に帰って宇田川文海《うだがわぶんかい》という人に文学を学び、彼がオーナーである日刊紙「大阪朝報」の記者となりました。この頃は女権拡張を旨とする記事を書いています。なお、宇田川とはそういう仲だったそうですが、否定的な見解もあります。

その後、婦人運動から社会主義運動に転じ、堺利彦の知遇を得て、堺から毛利柴庵《さいあん》を紹介されます。既婚者であった毛利と交際を始め、彼が主筆を務める和歌山県田辺の「牟婁《むろ》新報」社に入社。同僚となった荒畑寒村と同棲《どうせい》を始めます（田辺や大石のいた新宮など、南紀は社会主義の勢いの強い地域だった）。ついで上京して商業新聞「毎日電報」に就職後、40年に荒畑と結婚。

翌年、筆禍事件で入獄していた山口孤剣《こけん》の出獄を祝う会が発端となって、社会主義者弾圧事件である「赤旗事件」が起きました。祝う会に出席していた夫妻のうち、荒畑は入獄。スガは過酷な取り調べののち釈放。このとき彼女に救いの手を差し伸べたのがアナキストであった幸徳秋水で、二人は同棲生活に入ります。幸徳にも妻がおり、いまでいうダブル不倫でしたから、世の注目を浴びました。スガは獄中の荒畑に離縁状を送って離婚。この一件は、同志の間でも評判がよくなかったそうです。そして、やがて二人は湯河原で湯治療養（スガは結核を患っていた）しているところを逮捕され、ともに死刑判決を受けることになったのでした。

当時の女性は現代とは比較にならぬほどに厳しい環境に置かれていました。そうした彼女たちが女権拡張を志したときに、政治よりも経済よりも、まずは恋愛の面において進歩的な振る舞いを示すことは理解できます。とりあえず恋愛は、男性と女性が合意すれば先に進めるからです。自由であることを追い求めたがゆえに、スガは奔放とも見える生き方を貫いたのでしょうか。

「好色・伊藤博文」と津田梅子の仲は⁉

女子の官費留学生第1号で、アメリカに長期滞在したのは山川健次郎の妹の山川捨松、益田孝の妹の永井繁子、それに津田塾大学を創立することになる津田梅子の３人でした。

梅子（うめ、とも）は、津田仙《せん》（旧幕臣・東京府士族）・初子夫妻の次女として、現在の東京都新宿区南町に生まれました。父・仙は農学者でキリスト者。青山学院大学の創立に関わり、同志社大学の創始者・新島襄《にいじまじょう》、自由と平等を説いた中村正直と並んで〝キリスト教界の三傑〟と称されたほどの人物です。また、日本で最初に通信販売を行った人でもあります。明治９（１８７６）年にアメリカ産トウモロコシの種を売ったんですって。母の初子は献身的に夫を支えた人。彼女の姉は田安徳川家に仕えて田安慶頼《よしより》の側室となり、徳川家達《いえさと》（徳川本家の第16代当主）を産んでいます。つまり、梅子と家達はいとこなんですね。

明治4年、仙は政府の事業である北海道開拓使に勤務。そこで開拓使次官の黒田清隆（のち第2代の首相）が推進していたアメリカへの女子の留学計画を知り、娘を応募させます。このとき梅子はわずか満６歳。捨松や繁子とともに、岩倉使節団に随行。横浜を出港し、サンフランシスコを経て、ワシントンへ到着しました。船中の彼女たちの部屋には伊藤博文がやってきて、よく一緒に遊んだそうです。

梅子は日本弁務使館書記で画家のチャールズ・ランマンという人の家に預けられました。学校に通ってラテン語、フランス語などの語学や英文学、自然科学や心理学、芸術など幅広い教養を身につけました。休暇にはランマン夫妻とともに各地を旅行しています。明治15年、18歳で私立の女学校を卒業し、日本に帰国しました。

懐かしい故国に帰ったはずなのに、梅子は苦悩することになります。明朗で活発だった彼女にとって、女性の社会進出に消極的だった明治の日本社会は、とてつもなく息苦しかったのです。捨松と繁子は早々に軍人に嫁ぎました。でも梅子は結婚に魅力を感じませんでした。「二度と結婚の話はしないでください。話を聞くだけでもうんざりです」と手紙にしたほどです。彼女は結局、生涯独身を貫きました。

明治16年、伊藤博文と再会。英語指導や通訳のために雇われて伊藤家に滞在します。2年後には伊藤の推薦を受け、華族女学校の英語教師に任じました。ただし、ここで注目したいのは、伊藤と梅子の間に浮いた話が一切なかったこと。伊藤といえば、天下無双の女性好き。世話した女性が掃いて捨てるほどいたので、ついたあだ名が「箒《ほうき》」。でも、梅子には変な手出しはしなかった。彼女の前では、「気さくなお兄ちゃん」のままでいたかったのかな。ぼくが小説家なら、絶対に恋愛ドラマに仕立てたいところです。

明治22年、再び渡米した梅子は、フィラデルフィア郊外のブリンマー・カレッジで生物学を研究。蛙《かえる》の発生に関する論文をまとめた彼女に、カレッジは研究者への道を勧めました。けれども誘いを断って帰国。女子教育のための学校の創設に奔走しはじめます。父の仙や大山捨松、瓜生繁子らがこれをバックアップ。「女子英学塾」（現在の津田塾大）が東京麹町区に誕生します。明治33年のことです。

女子英学塾は、華族平民の別なく塾生を受け入れ、それまでの行儀作法を主体とするような女子教育とは一線を画する、進歩的で自由な、レベルの高い授業を展開しました。独自の教育方針を守るため、資金援助をなるべく受けない方針をとり、そのため学校の経営はなかなか難しかったようです。塾長として無報酬で教壇に立った梅子はやがて健康を害し、鎌倉での長期の闘病の後、昭和４（１９２９）年に脳出血のため亡くなりました。満64歳。いま彼女は、東京・小平市に居を移した津田塾大の構内に設けられた墓所で眠っています。

津田塾大学と津田梅子

少女期から長期にわたるアメリカ留学で女子教育と女性の地位向上の必要性を痛感した津田梅子が、日本の女性のための高等教育機関として明治33（1900）年に設立した「女子英学塾」が現在の津田塾大学の前身。同大卒業生は政界、官界、経済界で幅広く活躍し、女性の社会進出で先駆的な役割を果たしている（国立国会図書館所蔵）。

津田塾大といえば、厳しい教育で知られています。ぼくが学生の頃は、近くにある一橋大学の学生さんとおつきあいすることが多いと聞いていましたが、いまはどうなのかな。それから、「梅子先生のお墓にお参りすると結婚できなくなる」という都市伝説があるのも有名です。

学生の皆さん、そんな都市伝説に負けずに、勉学に恋愛に、がんばってくださいね。

「一夫一婦」は大河主役の条件⁉

共白髪まで仲良くといえば甚だ不敬ではありますが、上皇さまと上皇后さまを自然と想起しますね。このたびの譲位までの一連の儀式でお二人が示された互いを思いやるお姿に、多くの国民が胸を打たれたのではないでしょうか。あのお姿を拝見すると、天皇は男性に限るべしと主張する人でも、皇族男子には側室を認めよ、とはいえなくなるのではないかな。

フランスの歴史人口学者、エマニュエル・トッド氏によると、人間のもっとも古い家族の形態は「単婚小家族」で、それが長い年月を経て「直系家族」、さらに「大家族」へと進展するとのことです。日本はおそらくは「単婚小家族」から「直系家族」へと変化し、やがて明治維新を迎えました。ぼくはこの変化は天武・持統天皇の頃に起こり、平安時代の中頃に「家」が生活の強固な単位となって、「直系家族」が定着したと考えています。詩人で民俗学者の高群逸枝《たかむれいつえ》先生が注目し研究された貴族の「婿取り婚」は、大きな変化の中の過渡的形態ではないでしょうか。

トッド氏の考察が有効ならば、人間は、あるいは日本人は古くは基本的に「一夫一婦」だったのです。夫が側室をもつことは、本来的には「家」を存続させるために後から選択された措置であって、力と余裕のある者はどんどん女性を取り込んでハーレム形成に勤《いそ》しむ、というのは、誤ったイメージなのかもしれません。

いかにも「男性らしさ」が強調されるような戦国時代ですら、愛するのは妻だけ、側室はもたない、という人は結構いました。たとえば良妻で名高い千代を妻とした山内一豊。彼は千代の内助の功を得て近江・長浜城主から遠江・掛川城主へと出世を遂げ、関ケ原の戦いの後は土佐一国の太守（検地を実行し、石高20万石余り）となりました。夫婦の間には男子が生まれませんでしたが、一豊は側室を置かず、甥《おい》の忠義を後継者に決しました。

上杉の家宰、愛の兜《かぶと》で有名な直江兼続も側室をもちませんでした。樋口与六と名乗っていた彼は、当主が横死した直江家に婿に入り、未亡人であった年上のお船と婚姻。二人の間には病弱な景明という男子がいましたが、彼が22歳（もしくは18歳とも）で病没したため、直江家はのちに無嗣断絶となりました。兼続は関ケ原の戦いで主家・上杉家の領地が大きく削られた（120万石→30万石）ことに責任を感じ、わざと直江家を消滅させたともいいますが、ともかく彼は側室の子を望まなかったのです。なお、お船の方は「上杉家の北条政子」と称せられた女傑で、夫・兼続の没後、米沢藩2代藩主の上杉定勝をよく補佐しました。

関ケ原の戦いの際に九州で独自の動きを見せた黒田如水《じょすい》も、妻は一人です。彼女は播磨の武家、櫛橋《くしはし》氏の出身で名は光（みつ。てるとも）。織田家に積極的に味方する如水は東播磨の別所長治と敵対し、このとき別所家に従う櫛橋氏とも戦うことになりました。でも、彼は光を変わらず大切にしたのです。また如水が荒木村重によって監禁されると、主だった家臣は結束して如水の帰りを待つ誓約をしたのですが、この誓いの文書を受け取った「御実城《おみじょう》さま」とは彼女のことであると解釈されています。家臣たちからも慕われていたのでしょう。「才徳兼備」と称揚された彼女の肖像を見ると、おおらかな笑顔が印象的です。

山内一豊、直江兼続、黒田如水（官兵衛）とくれば、もうお分かりでしょう、NHKの大河ドラマで主役（もしくは準主役）を務めた人たちです。NHKは格別そうしたことを述べてはいませんが、側室を大勢抱えてハーレムを形成するような男より、妻をいちずに愛する人物が「お茶の間では」好感度が高いと認識しているのではないでしょうか。もちろん視聴率は大切ですから、

山内一豊の妻、見性院

1557〜1617年。浅井氏家臣の若宮友興の子である説が有力。また美濃の遠藤盛数の子ともいう。名は千代、もしくはまつ。夫のために名馬を買う話は『藩翰譜《はんかんふ》』『鳩巣小説』『常山紀談』の3つに記載があるが、江戸時代に成立したフィクションだろうといわれる。ただ、賢夫人として語り伝えられたことは間違いない。夫の没後は京都に住み、61歳で没した（東京大学史料編纂所所蔵模写）。

いきおいこうした人物を主人公に、と選んでいるのかもしれません。そういえば2020~21年に放送された『麒麟《きりん》がくる』の主人公、明智光秀も賢夫人、煕子《ひろこ》だけを愛したとされています。

この見方が的外れでないなら、「一夫一婦」は、これから主人公として選ばれる人物を推測することにも用いることができます。たとえば関ケ原の戦いでの「島津の退《の》き口」があまりに有名で猛将のイメージが強烈な島津義弘。彼は実はたいへんな愛妻家でもありました。ただし、鹿児島は『西郷どん』をはじめとして、明治維新ドラマでたびたび取り上げられています。その点、義弘は分が悪いかもしれません。

そうなると、本命はやはり石田三成でしょう。永遠の「主要な脇役」である三成も、「一夫一婦」の武将でした。同じく「永遠の脇役」と思われていた明智光秀が主役の座を射止めたいま、三成の登板は十分に考えられるのです。

第6章　天皇をめぐる歴史の謎

なぜ北朝の天子は「光」にこだわるか

日本一出世した人物というと、農民の子として生まれ、天下人にまで上りつめた豊臣秀吉でしょう。では中国で一番は誰か？　多くの人は明王朝を開いた朱元璋（1328～98年）の名を挙げるのではないでしょうか。

朱元璋。廟号《びょうごう》（中国をはじめとする漢字文化圏において、先祖である皇帝や王を祭るための「廟」に載せるための名前のこと。日本はこれを用いていない）は太祖。治世の年号を取って（中国では明王朝から一世一元の制を用いた。日本では周知のごとく明治から一世一元）、洪武帝と呼ばれます。

後に皇帝となる彼は、現在の安徽《あんき》省鳳陽《ほうよう》県の貧農の子として生まれました。家族は貧しさのゆえに餓死しましたが、彼だけは寺に身を寄せ僧になって、生き延びた。ただ生活は苦しく、物乞い同然であったといいます。紅巾《こうきん》の乱に参加して頭角を現し、江南を制圧して1368年に応天府（南京）で即位。そののち北伐の軍を起こして大陸を統一しました。

朱元璋は同じ農民出身の劉邦（漢の皇祖）を強く意識し模倣したといわれますが、二人は共に、功成り名遂げた後に功臣を粛清しています。朱元璋の粛清事件は数度に及びますが、その一つが洪武14（1381）年の「文字の獄」。これは「光」や「禿」といった字を使用した知識人層を、かつて貧乏僧であった皇帝を揶揄《やゆ》しているとして処罰したものです。このとき、薛祥《せつしょう》という功臣は杖で殴り殺されています。

この頃、日本は南北朝時代で、京都と吉野に二人の天皇が並び立っていました。このうち京都の北朝は「光厳―光明―崇光―後光厳」と歴代が「光」の字を用いています。崩御された年次は順に1364年、1380年、1398年、1374年となりますので、同時期の「文字の獄」のことは伝わっていたのでしょうが、北朝の天子の「光」とは直接の関係をもちません。だが、両者の関係性は興味深い。いまはまだ何の「思いつき」も浮かびませんが、どうにか両者を結びつけて考えてみたいと思っています。それはさておき。

ではなぜ北朝の天子は「光」の字にこだわったのか。そこで参照したいのが、2019年5月に出版された野村朋弘氏の『諡《おくりな》　天皇の呼び名』（中央公論新社）という本です。この本によると、「光」という字は、わが国では、皇位の継承に少し問題のあるときに用いられる字だそうです。たとえば「光仁」天皇。この方は道鏡事件で有名な称徳天皇（生まれながらに皇位を約束された女帝であったので、生涯独身。所生の皇子、皇女はいない）が崩御されたときに、それまで皇位を独占してきた天武天皇系に代わり、天智天皇の子孫（天智天皇の第7皇子・施基親王の第6皇子）として62歳という高齢で即位された。この方の皇子が平安京造営で有名な桓武天皇となります。

また、たとえば「光孝」天皇。この方は仁明天皇の皇子ですが、まず皇位に就いたのは異母兄の文徳天皇で、さらに文徳の皇子・皇孫の清和・陽成が位に就いた。ところが陽成天皇（生母は在原業平との恋愛で有名な藤原高子）は奇矯な振る舞いが多かったため（それ自体が藤原氏によるでっち上げとの説もあります）、若くして退位。それを受けてようやく55歳で即位した。『徒然草』には即位後も不遇だった頃を忘れないよう、かつて自分が炊事をして煤《すす》がこびりついた部屋をそのままにした、という話が収められています。

南北朝時代は皇位の正統性が問われ、また北朝の中でも皇位をめぐって対立があった時期でした。そのため「奇妙にも続いた『光』の諡号《しごう》は、一つには南朝に対して、また一つには北朝内の皇統分裂に際して、自らの正統性を示すものとして機能したといえる」と野村氏は指摘していますが、まことに卓見といえましょう。

右では北朝の「光」を後光厳で止めましたが、興味深いことに後光厳天皇の皇子である後円融天皇を挟んで、その子の後小松天皇と孫の称光天皇もまた「光」なのです。

若くして亡くなった称光天皇の号は父君の後小松上皇が定めたもので、先述の称徳天

北朝第4代、後光厳天皇

正平7（1352）年、北畠親房率いる南朝軍は一時的に京都を占拠し、かつ退却する際には光厳・光明・崇光の3上皇と皇太子直仁親王を吉野に連れ去った。そのため、北朝では急遽《きゅうきょ》、仏門に入る予定だった光厳上皇の第2（3とも）皇子を正式な手続きを踏まずに奉戴し、後光厳天皇とした。このため、こののち北朝内には崇光系と後光厳系の対立が生じることとなった（東京大学史料編纂所所蔵模写）。

皇と光仁天皇の組み合わせです。また後小松天皇のどこが「光」かというと、小松天皇とはこれもまた先述の光孝天皇の異称であり、「朕《ちん》の号は後の光孝天皇という意味で、後小松とせよ」というのが後小松上皇の遺言でした。

後小松上皇がここまで「光」にこだわったのは、北朝内の対立によります。本来、北朝の正統は光厳上皇の嫡子の崇光天皇であるはずでした。ところが南朝の攻撃によって急に後光厳天皇（崇光天皇の弟君）が立ち、そのあと皇位は幕府の後押しを受け、後光厳の系統によって継承された。後光厳系の後小松上皇はこのことを念頭に自らの皇統を守ろうとされたのですが、称光天皇が若くして亡くなったので、崇光天皇のひ孫にあたる後花園天皇を立てるほかなかったのです。なお、この後花園天皇の直接のご子孫がいまの天皇陛下となります。

「後水尾」「後陽成」父子の号の謎

歴代天皇のうちには、「後」という字を用いる方が少なからずいらっしゃいます。後白河天皇、後鳥羽天皇など。鎌倉時代末から南北朝時代にかけて、大覚寺統は親子でもって「後宇多―後醍醐―後村上」と続くわけですが、これは平安時代の「宇多―醍醐―村上」と続く親子の関係を強く意識したものです（なお、歴代でいうと、醍醐天皇のすぐあとは醍醐の皇子で村上の兄にあたる朱雀天皇となる）。

少し前まで、後醍醐天皇は他の天皇と異なり、自分の追号（すなわち後醍醐）を自分で定めた方だ、と歴史研究者は説明していました。でもこれは誤りのようです。いや、後醍醐天皇は云々……はその通り。けれどもそうしたのは、後醍醐天皇だけではなかった。鎌倉時代後期からは自分はこう呼ばれたい、と天皇は生前に強い意志をもっていた。それをたとえば遺言として残したのです。そしてそれは多くの場合、「過去のあの方にならって、後の○○帝としてほしい」というものになりました。

さて、その知識をもとに考えてみましょう。前項で言及した後小松天皇（亡くなられるときは上皇でしたが、分かりやすく天皇とします）。この方も「朕の名は後小松にせよ」と遺詔を残された方ですが、ここで、クエスチョン。歴代のどこを探しても、「小松天皇」という方はいらっしゃらない。いったい、どういうこと？

正解は「異称」。天皇の中には正式な諡号、追号のほかに「異称」をおもちの方がいらっしゃった。たとえば光孝天皇。この方は在位中に用いた元号から、「仁和の帝」

と呼ばれることがあった。また、葬られた陵墓（天皇のお墓を山陵という）、小松山の陵《みささぎ》に由来して、「小松の帝」とも申し上げた。この「異称」を念頭に、「朕を後の光孝天皇とせよ」というのが後小松天皇のご遺志であり、そこを天皇はちょっとひねって「後の小松帝とせよ」とおっしゃったわけです。

同じ「後プラス異称」でも、江戸時代初めの後水尾天皇のお名前にはいろいろと問題があり、難解です。「後プラス水尾」天皇。水尾天皇という方はいらっしゃらない。調べてみると清和天皇の異称が水尾天皇。ということは天皇は「朕の号は後の清和天皇とせよ」と考えられた。ここまでは分かります。

そこで問題その1。「水尾」の読みは「みずお」か「みのお」か。貞観18（876）年、清和天皇は皇子の陽成天皇に皇位を譲り、2年あまり後に出家。翌年3月に丹波国水尾の地に入り、絶食を伴う苦行を行いました。この地を隠棲《いんせい》の地と定め、寺の建立を始めたのですが、その途中に病を得て亡くなり、同地に陵が築かれたのです。そのために清和天皇は「水尾天皇」の異称をおもちで、これをもとにして後水尾天皇という呼び方が生まれた。

ここで問題になるのは地名である「水尾」。これは古くは「みずお」、もしくは「みずのお」と読んだ。ところが江戸時代は「みのお」となった。いまも「みのお」。となると、後水尾天皇は江戸時代の方だけに「ごみのお」天皇でもいいかもしれませんが、宮内庁の見解では「ごみずのお」天皇です。清和天皇の時代の呼び方に従っているのでしょう。

問題その2。天皇は父君が亡くなると、後陽成天皇の名を奉った。後の陽成天皇ですね。でも陽成天皇は、いまでこそ、その評価は藤原摂関家による陰謀だったのではないかと主張する研究者がいるのですが、江戸の当時は粗暴な行いを理由に評判の芳しくない方だったのです。後水尾天皇はわざわざ、良いとはいえないお名前を父君に付した。

実はこの親子は、仲が良くなかった。後陽成天皇は弟君の八条宮智仁親王を愛し、帝位をこの方に譲ろうとしたのですが、親王が豊臣秀吉の猶子《ゆうし》だったこともあって、幕府の反対によって実現しなかった、といわれます。そのために後陽成は自らの皇子で後継者となった後水尾と仲良くなかった。後水尾天皇にとってみると、とんだとばっちりなのですが。

いや、やんごとなき方が父君に良くない追号を奉じるような、意地悪をされるわけはあるまい。そうも考えたのですが、父君が「後の陽成」で自身は「後の清和」。これは明らかに不自然です。先に述べたように、清和天皇が父、陽成天皇は子。後水尾天皇はそれをひっくり返して用いている。大覚寺統の「後宇多―後醍醐―後村上」のように、父子の順序は普通、変えない。変えると不孝といわれても仕方がない。

後陽成天皇

1571～1617年。天正14（1586）年、祖父・正親町《おおぎまち》天皇の譲位を受け、即位。豊臣秀吉はさまざまな場面で天皇を厚遇した。しかし江戸幕府が成立すると、政治的な圧力を受けるようになり、失意のうちに亡くなった。遺骸は火葬され、京都市伏見区の深草北山陵に葬られた。なお後陽成天皇の次代、後水尾天皇から昭和天皇までは土葬であるので、火葬された最後の天皇ということになる（東京大学史料編纂所所蔵模写）。

激しい性格で知られた後水尾天皇がもしそれをあえてしていたとすると、後陽成と後水尾の親子の不和は、相当に厳しいものであったのかもしれません。

本当は「後西院天皇」にすべきだった

天皇のお名前を語るとき、最高難度ともいうべきこの方に言及しないわけにはいきません。第111代、後西《ごさい》天皇です。江戸時代の方で、お生まれは寛永14年11月（1638年1月）、崩御が貞享2（1685）年。在位は承応3年11月（1655年1月）から寛文3（1663）年。幼名は秀宮、諱《いみな》は良仁《ながひと》。後水尾天皇の第8皇子。母は典侍の逢春《ほうしゅん》門院・藤原隆子。母は左中将櫛笥《くしげ》隆致の娘で、その妹は仙台藩主・伊達忠宗の側室となって跡継ぎの綱宗を産んでいる。つまり、後西天皇と綱宗はいとこになります。綱宗は酒色に溺れて藩政を顧みない、という理由で幕命により逼塞《ひっそく》を強いられた人物で、若年での彼の隠居は有名な伊達騒動のはじまりとなりました。

後西天皇の兄の後光明天皇は崩御の前年に体調を崩されました。そのとき、まだ男子がいなかったので、生後間もない末弟の高貴宮《あてのみや》・識仁《さとひと》親王を猶子に迎えました。その状況で後光明天皇は亡くなったのですが、さて識仁親王はまだ幼い、他の兄弟はすべて出家してしまった、ということで識仁親王が成長するまでの中継ぎとして後西天皇は即位しました。そして8年後、10歳に成長した識仁親王（霊元天皇）に譲位したのです。在位中はもっぱら学問に打ち込み、歌集『水日集《すいじつ》』など著作を多数残していますす。古典への造詣が深く、また茶道、華道、香道にも精通していたといいます。

　この天皇のお名前を理解するときには、これまでは触れていないある史実に着目しなければなりません。それは、中世・近世には「○○天皇」という言い方はされていなかった、ということです。では何と呼ばれていたのかというと、「○○院」。朝廷で作成された時系列でまとめられた書物を見ると、「○○天皇のとき、こんなことやあんなことがあった」ではなく、みな「○○院のとき、こんなことあんなこと」と叙述しています。ただし、これはあくまでも慣行です。天皇という正式な名称は使用されていないけれど、もちろん存続していた。天武天皇の頃に「大王という呼称を天皇に改めた」というのとは、異なる性質の話です。ですが大正14（1925）年、政府の決定によって、○○院呼びは廃され、○○天皇で統一することになりました。

　さて、後西天皇ですが、天皇が崩御されたとき、連想されたのは平安時代の53代淳和《じゅんな》天皇でした。この平安時代前期の天皇は、兄から皇位を受け継ぎ、兄の子に譲位している。後西天皇は弟に譲位していますが、この方を先の事情を踏まえて兄の後光明天皇の子、と考えればぴったりなのです。自らの子がいたのに、皇位を譲れなかった点も二人は共通している。そこで「後の淳和」天皇の名を奉ることに決まった。

淳和天皇のお名前は、淳和院に由来します。これは平安京の右京四条二坊（現在の京都市右京区）にあった離宮で、天皇は退位の後はここで生活しました。後に源氏長者が奨学院とともに管理することになり、そのため源氏長者は両院の別当を名乗ったのです。また源氏の代表である源氏長者の地位には、室町時代には公家の源氏である久我家と武家の源氏である足利家がほぼ交代で任じられました。江戸時代には武家源氏である徳川家がこの地位を独占するようになりました。もちろん中身はとっくになくなっていますが、まあ肩書は長いほうがえらそうということで、名前だけ、はったりとして機能したのです。

淳和院は別名を西院《さいいん》といいました。ですから淳和天皇は別に「西院の帝」とも呼ばれていました。そこで、後西天皇は、後の淳和天皇の意味を込めて「後の西院の帝」とのお名前を贈られたのです。

ですが、ここで一つ問題が。「後の西院の帝」すなわち「後西院天皇」ならば問題はありません。けれども、先ほど述べたように、当時は「天皇」ではなくて「院」と呼ぶのが普通だった。となると「後西院院」となるけれども、「院」がかぶってしまう。では「後西院」。これでよい、というわけで、天皇はずっと後西院と呼ばれていたのです。

ですが、先述のごとく大正14年、「○○院という言い方は廃して○○天皇とお呼び

後西天皇と政治

伊達綱宗の若くしての引退には、後西天皇との血縁があるから幕府は必要以上に綱宗を警戒していた、という説があります。また、後西天皇の退位にも、雄藩である仙台藩との関係を宮中で恐れられたからだ、という説があるようです。しかし貴族が大名と婚姻し、親戚になって趣味用の資金をせびる、という話はよく聞きますが、ここまで大がかり、政治的な話になるのかなあ？　ぼくは疑問に思ってしまいます（東京大学史料編纂所所蔵模写）。

しよう」となった。このとき、本当は「後西院天皇」にすべきだったのだとぼくは思います。でも『皇統譜』には院という字を省略したかたち、「後西天皇」として載ってしまった。こうなると、改めるのは難しい。まあ私たちが、このあたりの事情を了解していればいいことですけれど。

「大塔宮護良親王」は何と読む？

天皇のお名前で一番難しい後西天皇を解説したところで、諡号・追号についてはネタ切れになってしまいました。ここでは皇族の諱、お名前について書いてみようと思います。

京都と吉野に朝廷が並立していた南北朝時代。1392年に南北朝の合一が実現する前に一瞬だけ、天皇が一人になる、という事態が生じました。それが「正平《しょうへい》の一統」です。室町幕府のリーダーである足利尊氏と政治の責任者を務めていた弟の直義《ただよし》との対立は、やがて列島規模の戦乱、「観応《かんのう》の擾乱《じょうらん》」を引き起こしました。尊氏は直義追討のため正平6・観応2（1351）年10月に南朝と和議を結び、関東に向けて出陣しました。このとき、北朝の崇光天皇と皇太子の直仁親王が廃され、天皇は南朝の後村上天皇一人に、年号も南朝の正平のみが用いられることになったのです。

翌年、北畠親房《ちかふさ》に率いられた南朝の軍勢は京都を制圧し、正平一統は破綻しました。京都を守備していた尊氏の子、義詮《よしあきら》はすぐ態勢を立て直して京都を奪還しますが、このとき吉野に退却していく親房らは北朝の光厳上皇、光明上皇、退位して間もない崇光上皇、それに直仁親王を吉野に連れ去ったのです。

北朝としてはすぐに天皇を立てたい。ところが皇太子はいない。どうするか。白羽の矢が立ったのは光厳上皇の第2皇子で、崇光上皇の弟にあたる二宮でした。この方はお坊さんになる予定だったので、俗人の皇子としての諱がなかった。急ぎ成人の儀を行って弥仁《いやひと》王を名乗り、そのまま天皇に立ったのです。これが後光厳天皇でした。

現在は皇室典範に定めがあり、天皇の嫡出の男子、およびその男子の嫡出の男子（皇孫ですね）である方を「親王」と称します。また天皇からみて直系で嫡出、3親等以遠の男子を「王」といいます。王も敬称は殿下です。明治より前はそうではなかった。皇族の男子は「○○王」。その中で親王宣下を受けた方のみが「○○親王」。弥仁王は親王を経ずに天皇に即位したわけですね。

なお一応の原則としては、俗人の皇子として親王宣下を受けたあとに出家した方を「入道親王」、出家した後に親王宣下を受けた方を「法親王」と呼びます。たとえば後光厳天皇の第5皇子は俗名を熙永《よしなが》親王。仁和寺に入って永助入道《えいじょ》親王となりました。ただ、この方の日記を『永助法親王記』というように、これは一応の原則にすぎませんのでご用心。

南北朝の皇子でスーパースターといえば、大塔宮護良親王（1308〜35年）をおいて、ほかにはいません。この方は後醍醐天皇の皇子です。幼くして尊雲法親王として天台宗三門跡の一つである梶井門跡（三千院）に入りました。現在の京都市左京区岡崎にあった法勝寺九重塔（大塔）周辺に居住していたので「大塔の宮」と呼ばれました。正中2（1325）年には門跡を継承。その後、天台座主にもなりましたが、『太平記』によると、ひたすら武芸を好む前代未聞の座主だったそうです。

元弘元（1331）年、後醍醐天皇が鎌倉幕府打倒の元弘の乱を起こすと、還俗《げんぞく》（僧侶から俗人に戻ること）して戦いに加わりました。天皇は捕縛されて隠岐島に流されましたが、親王は潜伏してゲリラ戦を展開します。令旨《りょうじ》（親王の命令書）を発して反幕府軍を組織し、赤松則祐（のち播磨周辺の有力守護大名に）、村上義光《よしてる》（転戦中に戦死）らとともに十津川、吉野、高野山など各地を転戦して粘り強く幕府軍と戦い続けました。楠木正成や赤松円心といった武将たちに指令を出していたのも親王だったでしょう。倒幕はやがて成功するわけですが、功労第一は親王だったと評価できます。

さてこの方、何というお名前か。戦前から戦後にかけて長く「だいとうのみや　もりながしんのう」と読んできたのです。高野山や根来寺の根本大塔（多宝塔）は「だいとう」と読みます。また、江戸時代以来、朝廷では「良」を「なが」と訓じていた。だから、香淳皇后（昭和天

歴史的評価分かれる後醍醐天皇

1288〜1339年。戦前の皇国史観においては、鎌倉幕府を倒したスーパー天皇としてあがめられていた。ただ冷静に分析すると、承久の乱での後鳥羽上皇に比べて、武士の動員のアイデアはきわめて貧弱。建武の新政では地方を軽視するなど、政治力も感心しない。南朝びいきということになっている『太平記』は「徳に欠ける」と厳しい評価を下している。鎌倉幕府は内部に問題を抱えて自壊した、と見るべきだと思う（東京大学史料編纂所所蔵模写）。

皇の皇后）の諱は「良子」と書いて「ながこ」である。

ところが大塔宮に「応答宮」という字をあてた資料が見つかった。となると、「おおとうのみや」がいいのだろう。また、皇族の系図では、護良親王の弟であり、後の後村上天皇となる義良親王に「ノリヨシ」と読みがふってあるものがある。同じ漢字を使っていて兄と弟が読みが違うというのは不自然であるから、「もりなが」ではなく、「もりよし」なのだろう。ということで、学界では「おおとうのみや　もりよししんのう」と発音しています。これは将来にわたって、覆らないと思います。

裁判が史学に与えた思わぬ影響

明治43（1910）年に明治天皇の暗殺を計画した嫌疑で逮捕された幸徳秋水は、法廷で「いまの天子は、南朝の天子を暗殺して三種の神器を奪い取った北朝の天子ではないか」と発言したといいます。暗殺して云々《うんぬん》は穏やかではありませんが、長禄元（1457）年に奈良の吉野にひそんでいた後南朝の自天王（尊秀王。ただし、この方の血縁関係は不明）が殺害され、奪い去られていた三種の神器のうちの「勾玉《まがたま》」が京都の天皇のもとに還《かえ》った事件を指すものと思われます。この発言が外部に漏れたことがきっかけとなり、明治末から大正にかけて、南北朝正閏《せいじゅん》論争が盛んになりました。

鎌倉時代後期、皇統は持明院統と大覚寺統の二つに割れました。両統は自分たちから天皇を出そうとして、熾烈《しれつ》な争いを繰り広げます。その中で、大覚寺統の後醍醐天皇が幕府の討伐に成功して建武政府を創成しますが、足利尊氏は持明院統の光厳上皇を奉戴《ほうたい》することにより、たくみに「朝敵」の汚名を避けながら、室町幕府を樹立します。後醍醐天皇は吉野に逃れて自らの正統性を内外に訴え、ここに京都と吉野に二人の天皇、二つの朝廷（北朝と南朝）が並び立つ異例の事態が生じたのです。

現代の皇室が北朝の子孫でいらっしゃることは、疑いの余地がありません。ですから、明治政府が北朝こそ正統であるといえば、何も問題はなかった。実際に史実を見てみると、室町時代以降、江戸時代の終わりまで、京都においては「北朝＝正統」の認識が定着していました。寸毫《すんごう》も揺らぎはなかったのです。ところが、明治の元勲たちは、みな水戸学の影響を受けていた。尊皇攘夷の思想を生んだ水戸学は、一方で徳川光圀の時代から、「南朝＝正統」を訴えていた。このために明治政府は後醍醐天皇を尊崇し、南朝を正統としました。でもたしかに明治天皇は北朝の子孫でいらっしゃるわけで、南朝を正統としたことは、幸徳秋水でなくとも「おかしいんじゃないか？」と疑問を投げかけられる危険性を抱えていたのです。

幸徳の発言は、当時の大ボスである山県有朋を激怒させ、「天皇の正統性の問題をなんとかせよ！」という山県の叱咤《しった》が飛んだといわれます。原敬の日記を見ると、原も山県の子分であった桂太郎も「学者が学問として天皇の研究を行うことは、一向に苦しからず」と語り合っています。明治時代はそうだった。ところが大逆事件を分水《ぶんすい》嶺《れい》として、天皇の崇敬を強要する学問、皇国史観が次第に醸成されていく。ふつう世では「大正デモクラシー」といって、大正は自由の気風があふれていた時代とされますが、歴史学に関していうと、大正に入ると、急に息苦しさが増していくような感じです。

天皇は神聖にして侵すべからざる存在だから、この世に二人いることはあり得ない。南朝と北朝のどちらかが正しければ、もう一方は、どぎつい言葉を用いるならば「にせもの」である。この「にせもの」を漢字で表記すると「閏」となります。いま（明治）私たちを導く聖なる天皇家は当然、正統的な存在でいらっしゃる。けれども「にせもの」の子孫でもある。栄光ある「万世一系の天皇」を標榜《ひょうぼう》する上で、これは甚だよろしくない。この矛盾をなんとかせよ。これが歴史学者に与えられた国家的な課題でした。

いま日本史というと冴《さ》えない学問に成り下がりましたが、戦前の国史学は国の成り立ちを解き明かす学問として、文系の花形の一つでした。だから優秀な人が歴史学者を目指した。いまのぼくの立場（東大史料編纂所教授）は明治末年だと「一等史料編纂官」で、お給料はなんと3倍です。まあそれはそれとして、当時の歴史学者たちが『神皇正統記』などを援用して持ち出した論理が「正しい三種の神器をもつ天皇こそが、本当の天皇である」というものでした。

後醍醐天皇は常に正しい三種の神器に守られていた。後村上、長慶、後亀山の南朝の歴代も同様であるから、南朝の天皇が正統である。だが、１３９２年に後亀山天皇は京都に居を移し、北朝の後小松天皇に三種の神器を渡された。このときをもって後小松天皇は「正しい天皇」となった。また後小松天皇の子孫である明治・大正・昭和天皇は、当然ながら「正しい天皇」なのだ、という理屈です。

なるほど、筋は通っている。けれども、史実は異なります。たとえば１３３６年、比叡山に籠もっていた後醍醐天皇は、足利尊氏への投降を決意。まず皇太子の恒良親王に譲位し、三種の神器Aをもたせて北陸へ送り出します。ついで京都に下って、持明院統の光明天皇に三種の神器Bを渡す。さらに京都を出奔して吉野に籠もり、自分こそ三種の神器Cをもつ正統な天皇であると宣言します。

つまり、この頃、三種の神器はAとBとC、少なくとも3セットはあることになる。だから「正しい三種の神器をもつ天皇が正しい天皇」ではありません。「正しい天皇がもつ三種の神器が、正しい三種の神器」なのです。

後期水戸学の祖、藤田幽谷《ゆうこく》

1774〜1826年。水戸光圀が南朝を正統とした理由は、現在（光圀の時代）の朝廷は正統ではない。よって幕府と将軍こそが名実ともに日本の政治の中心なのだ、と強調したかったから、という説もある（東大名誉教授・尾藤正英氏の説）。水戸学の「尊皇」が先鋭的になるのは有名な東湖の父、幽谷からで、これを「後期水戸学」という（東京大学史料編纂所所蔵模写）。

第7章　夏目漱石のワケありな門人たち

漱石の弟子と信玄の意外な縁

森田草平（1881〜1949年）という作家をご存じでしょうか。お恥ずかしい話ですが、ぼくはこの方の小説を読んだことがありません。だいたい、名前はてっきり草平なんだと思っていたら、これは夏目金之助の漱石や森林太郎の鷗外と同じく、雅号なのですね。彼の本名は米松。それにしても号というのは、もっとこう、いかめしいものです。草平はいってみればペンネームの先駆けなのかもしれません。

草平さん、正直なところ、簡単な文学史では名前をお見かけしません。彼が後世に名を残したのは二つのことに由来します。一つ、夏目漱石の弟子であり、愛されていた。よく「漱石にもっとも迷惑をかけた男」と称されます。もう一つが明治41（1908）年に起こした、平塚らいてうとの心中未遂事件です。

草平は現在の岐阜市の生まれ。金沢の第四高等学校に入学しますが、恋人との同棲が露見し、その親が学校に訴えたため退学処分を受けました。その後上京して第一高等学校、東京帝国大学英文科で学びます。明治38年の秋に千駄木の夏目漱石宅を訪れ、漱石の門下となりました。

大学卒業後は格別な職に就かず、漱石の紹介で中学の英語教師などをしていましたが、やがて与謝野鉄幹が主宰する女子学生向けの文学講座「閨秀文学会《けいしゅうぶんがくかい》」で講師を務めることになりました。草平は女性関係でいろいろと問題を起こしていましたが、鉄幹といえば、その道の大先達です。気が合ったのかもしれません。そしてこの講座を聴講していたのが平塚明子《はるこ》（らいてう）さんだったのです。

明子さんは文学少女で小説を書きました。その第1作を褒める手紙を草平が書き送ったことで二人は急接近。ずいぶん安直なようですが、北村透谷にしても、島崎藤村にしても、当時の女子校の先生は、学生にずいぶんとモテたのです。それから間もない明治41年2月に初デート。その翌月、イタリアの作家ダヌンツィオの小説『死の勝利』に強い影響を受けた二人は、栃木県の塩原温泉に赴いて心中を図ります。これまた恋に恋する女の子かよ、というほどに安直ですが（実際、明子さんは箱入りお嬢さま）、雪深い山中を歩いているうちに二人はすっかりアホらしくなったようで、心中は未遂に終わりました。

先生の漱石は草平の身柄を引き取って世間から匿《かくま》い、またエリート・平塚家に対して二人の結婚を申し出ました。ところが、結婚などは考えもしていなかった明子さんはすっかりあきれ果て、あわれ草平さんは失恋してしまいます。それでもタダでは起きない草平さん、事件の顚末《てんまつ》を『煤煙《ばいえん》』として小説化。漱石が在籍していた朝日新聞に連載します。事件自体がセンセーショナルだったので、世間の耳目を集め、みごとに文壇デビューを果たしました。

その後も彼は漱石先生のお世話になり続けますが、先生が亡くなった4年後の大正9（1920）年、漱石門下の野上豊一郎（妻は作家の弥生子）の紹介で法政大学の教授に就任しました。ところが昭和8（1933）年に起きた学内紛争（法政騒動）では、学内の有力者だった野上を排斥する運動の中心となり、野上および野上派の教授数十人を大学から追放したものの、2年後にけんか両成敗で自身も大学を追われることになりました。争いごとですから、どちらにも言い分はあるかと思いますが、自分を引き立ててくれた恩人を石もて追うというのは、ぼくは好きではありません。

その後、彼は『豊臣秀吉』『細川ガラシャ夫人』など歴史小説を書き始めます。昭和13年頃からは東京帝大の史料編纂所に通っていましたが、戦争末期に史料編纂所が空襲下の東京から長野県の下伊那郡に疎開するのに合わせて、草平も同地に疎開。のち、近隣の阿智村の長岳寺に移りました。そこから疎開した史料編纂所に通っていたのですね。

なお阿智村の長岳寺。戦国史の好きな方はご存じかもしれませんが、武田信玄の遺骸を火葬したお寺といわれています。信玄は最後の遠征である遠江・三河進攻作戦を

元祖フェミニスト、平塚らいてう

1886〜1971年。本名は平塚明《はる》。明子とも。父は官吏で国粋主義的な家庭を築き、それに反発して成長した。日本女子大卒業。ゆるがぬ精神をもつリーダーであるとともに文筆家としてもすぐれ、森鷗外は「樋口一葉亡き後、女流第一人者は与謝野晶子。それに並ぶのが平塚明子」と評価している。明治44（1911）年、25歳のときに雑誌『青鞜』発刊。その創刊の辞「元始、女性は実に太陽であった」は、いまなお人々の記憶に鮮烈に残っている（国立国会図書館所蔵）。

敢行して、三方ケ原に徳川家康を破りますが、元亀4（1573）年、病が重くなって甲府への帰路に就きます。その途中、信玄は没しますが、その遺体は長岳寺で荼毘《だび》に付されたと伝わります。信玄の亡骸については遺言通り諏訪湖に沈めたほか、いろいろと説がありますが、ぼくは長岳寺で火葬し、遺骨を甲府に持ち帰ったというのが、一番自然ではないかと思っています。

草平は終戦後も長岳寺の離れで生活していましたが、昭和24年12月、病を得て死去しました。満68歳。数年前に長岳寺を訪ねたところ、境内には草平終焉の地を示す碑が建てられていました。

松根東洋城と謎の「生クビ」

夏目漱石の門人はあまたあれど、なかでも名門の出身というと、松根東洋城が随一ということになるでしょう。彼の父方の祖父は宇和島藩の城代家老、松根図書《ずしょ》（名は義守のち紀茂。禄高は700石）。母は「幕末の四賢侯」の一人として名高い伊達宗城《むねなり》の娘。つまり彼は、殿様の孫なのです。

東洋城は若い頃からイケメンとして名高く、女性関係も華やかだったようです。あの柳原白蓮（義理のいとこ）ともロマンスがあった。彼の肖像を写真で確かめてみると、顔の骨格が祖父の宗城にたいへんよく似ています。面長で、鼻が高く、額が広く、理知的なのですね。そういえば一度だけお目にかかったことのある信州松代の真田家のご当主（慶大の教授でいらっしゃる。工学博士）も、タイプの同じ上品な方でした。宗城の実子が真田家に養子に行き、最後の藩主を務めた（維新後は伯爵）。真田の殿様が血筋からすると伊達政宗の子孫というわけで、数奇なめぐりあわせです。

さて東洋城は生まれは東京ですが、愛媛県松山市の尋常中学に通いました。このとき同校に英語教師として赴任していたのが夏目金之助すなわち漱石で、彼から英語や俳句を学んで交流は卒業後も続き、生涯の師と仰ぐこととなったのです。東洋城を正岡子規に引き合わせたのも、漱石でした。彼は小説ではなく俳句の道に進むことになりますが、自分の師は子規ではなく、漱石である、と述べています。

旧制の一高、東京帝大から京都帝大の仏法科へ。卒業後は宮内省に入り、さまざまな任に就いた後、大正8（1919）年に退官。明治43（1910）年には、自身が公務で逗留《とうりゅう》していた伊豆修善寺温泉への療養を、漱石に勧めました。胃潰瘍で苦しんでいた漱石はこれに応じたのですが、療養中に大吐血を起こしました。「修善寺の大患」です。

育ちが良すぎたせいか、東洋城は敵が多かった。私たち一般人とは異なる感覚の持ち主だったのかもしれません。児童文学の草分け、鈴木三重吉との不仲は有名ですが、森田草平や芥川龍之介ら漱石の門人たちは、どうも東洋城より三重吉の肩をもっていたようです。高浜虚子とも『国民新聞』俳壇の選者の座をめぐって確執があり、大正5年に『ホトトギス』から離脱して以降は一切つきあわなかったそうです。

さて、2019年3月に『空襲で消えた「戦国」の城と財宝』という本が「別冊太陽」の一冊として出版されました（吉岡孝監修、平凡社）。その裏表紙の見返し部分に、なんとも気味悪い武者のクビの絵がありました。世に「松根の生クビ」と称するもので、その存在をぼくはこの本で初めて知りました。

その由縁は、松根新八郎という武士が幽霊に頼まれて敵討ちを手伝ったところ、幽霊が深謝して生クビを持ってきた。ありがとうのプレゼントがどうして生クビになるのかよく分かりませんし、だいたいそれ誰のクビなんだよ⁉　と突っ込みたいところですが、ともかく新八郎はありがたくもらって手厚く供養し、クビを描いた旗指物と兜と陣羽織を作って愛用したのでした。彼こそは松根家の祖先であり、兜と陣羽織は空襲で失われたものの不気味な旗指物は宇和島の市立伊達博物館にたしかに収蔵されています。

そこで改めて調べてみたのですが、松根家の初代は松根光広（1589〜1672年）

「幕末の四賢侯」伊達宗城

1818〜92年。旗本・山口家の子として江戸で生まれた。ただし彼の祖父・山口直清は宇和島伊達家の出身であり、跡継ぎのなかった伊達宗紀《むねただ》の養子として宇和島藩主の座に就き、殖産興業を中心とした藩政改革を進めた。長州の大村益次郎を招いて軍制の近代化に取り組み、蒸気船を建造。公武合体論者で、幕末の激動期に大きな足跡を残した（『幕末、明治、大正回顧八十年史』昭和8年刊より）。

という人。戦国大名の最上家の一員で最上義光の甥にあたります。はじめ白岩城（現在の山形県寒河江市）を預かり白岩氏を名乗りますが、元和元（1615）年に松根城（同鶴岡市）を築き1万石の領主となりました。このときに松根を名乗りはじめたのでしょうね。

最上藩では2代家親の急死後にお家騒動が起こります。家親の子の義俊に代えて、家親の弟の山野辺義忠を推す勢力が台頭したのです。光広は義俊派の重鎮として、義忠派の楯岡光直（初代・義光の弟）を家親謀殺のかどで糾弾します。幕府は光直を召喚して調べますが証拠はなく、光広は立花家の柳川に流されました。最上家はこのあと事実上の改易に処されることになるのですが、光広は50年あまりを柳川の地で過ごし、許されぬまま同地で没しました。その子孫が宇和島藩に重臣として迎えられたのです。

最上家由来で宇和島・伊達家臣というと、有名な山家清兵衛《やんべせいべえ》（1579〜1620年）が該当します。清兵衛は名は公頼《きんより》。最上家に仕えていましたが、伊達政宗のもとで頭角を現し、政宗の庶長子である秀宗が宇和島10万石に封じられたときに家老に抜擢されました。内政に腕をふるいましたが、主人の秀宗と合わず、元和6（1620）年に子らもろともにむごたらしく殺害されます。彼の横死後、宇和島藩では凶事が続いたため、清兵衛は神として祀られました（和霊神社）。かつて最上家の重臣であった松根氏が呼び寄せられ、重く用いられた背景にはなんらか清兵衛の一件が関わっているに違いないのですが、実証できていません。

漱石を嫌った男・川田順

ぼくは夏目漱石をたいへんに尊敬しています。素晴らしい小説を書いたから、だけではありません。その生き方がすごい。帝大の英文学の教職をスパッとやめて筆一本の生活に入ったこと。文学博士号を授与されたにもかかわらず、そんなものは不要と返上したこと。ぼくは自分が一人では何もできない無能な人間だと熟知しているので、東大の史料編纂所員の地位にしがみついています。また、誰もぼくの業績を評価してくれなかったので、とにもかくにも博士号を取得しようとあくせくしていました。20代半ばからの10年間は、それが人生の大目標でした。そんなぼくからすると、漱石先生はあまりにかっこいい。かっこよすぎです。

漱石はご存じのようにまず松山中学で教鞭《きょうべん》をとり、熊本の五高に移ります。そこからロンドンに留学して、帰国してから一高と帝大で英文学を教えました。これまた文学好きにはよく知られることですが、五高での英語の前任者はラフカディオ・ハーン、すなわち小泉八雲でした。しかのみならず帝大の前任者も八雲でした。漱石には何の責任もないのですが、八雲を追い立てるようなかたちになったのです。

八雲は帝大では「ヘルン先生」と呼ばれていたようですが、とても人気のある教師でした。ですから八雲がやめ、新しくイギリス帰りの若い（漱石は八雲より17歳年少）先生が教壇に立つことを忌避する学生がたくさんいました。八雲は古き良き日本を紹介してすでに世界的な名声を得ていましたが、当時の漱石は俳句の世界では注目されていたものの、ぼくたちの知る「文豪」ではありませんでしたので、学生たちの反発はもっともです。

漱石を嫌った一人が川田順《かわだじゅん》でした。彼はヘルン先生のいない文科（文学部）なんて、と法科（法学部）に転じてしまいました。卒業後は住友に入社。常務理事にまで出世します。その間、佐佐木信綱門下の歌人としても活躍。戦後は皇太子（いまの上皇陛下です）の作歌指導や歌会始選者を務めました。

川田順の名が広く社会に知られるようになったのは、いわゆる「老いらくの恋」の一件です。妻を失っていた彼は62歳のときから指導にあたっていた27歳年下の女性歌人（京大教授夫人で３人の子があった）と恋に落ち、煩悶《はんもん》した末の自殺未遂などがあって、昭和24（１９４９）年、67歳のときに結婚しました。功成り名遂げた人の恋愛はたい

夏目漱石

1867〜1916年。言わずと知れた日本を代表する文豪。下戸の甘党。ほりが深い顔立ちなのになぜか容貌にコンプレックス（あばたがあったらしい）。背が高くない。英文学者だが、和歌や俳句に造詣が深く、でも本当に得意とするのは漢文。女性が苦手。寺田寅彦、小宮豊隆、鈴木三重吉、松根東洋城、芥川龍之介ら錚々《そうそう》たる人が門下に名を連ねる。ああぼくも弟子になりたい（国立国会図書館所蔵）。

へんな騒ぎになりました。志賀直哉の戯曲『秋風』、辻井喬《たかし》『虹の岬』はこの恋愛を扱ったものです。

川田を調べていて、もう一つ「おや」と思ったことがあります。彼の父が川田剛《たけし》(1830〜96年)なのです。

川田剛。通称は竹次郎、号は甕江《おうこう》。備中の人。苦学の末に備中松山藩の執政であったあの山田方谷《ほうこく》(備中聖人と呼ばれる陽明学者。数年で松山藩の財政再建を実現させた)の門人となり、また松山藩に仕えました。するとすぐに頭角を現して江戸藩邸の教授となり、方谷門の筆頭として扱われるようになります。戊辰戦争では藩主板倉勝静《かつきよ》(松平定信の孫にあたる)が老中として幕府軍に参加したために苦難を強いられますが、蝦夷地まで転戦した勝静の捜索など、高齢の方谷に代わって藩の存続に尽力しました。

維新の世になると、剛は藩を退いて塾を開き、薩摩藩の重野安繹(1827〜1910年)と双璧をなすとうたわれました。そして山田方谷を尊敬していた木戸孝允の推挙により太政官に出仕、大学小博士として重野安繹とともに国史編纂の責任者になりました。国史編纂構想は明治10(1877)年、太政官内に修史館を設置することで結実します。この修史館こそは、現在の東大史料編纂所なのです。

ところが、ここで大問題が。剛と重野の激しい衝突です。気さくでおおらか（悪く言えばおおざっぱ、いいかげん）な剛と、完璧なものを追求する（悪く言えば重箱の隅をつつくタイプ）重野は性格からして合わなかった。この対立はいまでもいろいろな場面で見られますね。それから肝心の仕事の面では、重野が新しい日本の国史を作ろうと意気込んでいたのに対し、剛は史料の収集を優先すべきだと考えていました。

二人のぶつかり合いは、結局は剛の退任というかたちで決着します。それが何を意味するのか。日本史という学問の根幹に関わることなので、もう少し見ていくことにしましょう。

「物語」をめぐる大論争

前項で日本史編纂事業における重野安繹と川田剛（甕江）の対立に言及しました。重野という人は、もと薩摩藩士。国元で漢学を修めた後、22歳で全国の秀才が集まる江戸の昌平黌《しょうへいこう》に入学、安井息軒《そっけん》（1799～1876年）の教えを受けました。1857年に薩摩に帰国したところ、同僚の金の使い込みによって奄美大島に遠島処分に。ところが禍福はあざなえる縄の如《ごと》し、ここで同じく遠島に処せられていた西郷隆盛と出会い、知遇を得たのです。

ここでちょっと脱線。重野の師である安井は宮崎の人で、近代漢学の祖といわれた大学者です。その名言に「一日の計は朝にあり。一年の計は春にあり。一生の計は少壮の時にあり」。だから若者よ、勉強せよ、というわけで、門下からは陸奥《むつ》宗光・品川弥二郎ら政治家、谷干城《たてき》・明石元二郎ら軍人など、多くの逸材を輩出しています。

森鷗外の『安井夫人』は、息軒と彼の奥さんの佐代さんを描いた史伝（フィクションをできるだけしりぞけた歴史小説のこと）。息軒は子供の頃に天然痘にかかり、そのため片目がつぶれ、疱瘡《ほうそう》痕が顔一面に残る醜い容貌になってしまいました。結婚の話が出たときに、妻候補だった女性はその容姿ゆえに嫁入りを拒否したのですが、美人で知られた妹のお佐代さんが進んで息軒の妻となり、二人は子宝にも恵まれ、静かに添い遂げたのです。

鷗外がこの作品を創作した大正３（１９１４）年といえば、平塚らいてうらの女権運動が盛り上がっていた時期（雑誌『青鞜《せいとう》』の発刊が明治44年）でした。鷗外はらいてうの説く「新しい女」、自我を強くもち、自立する女性像を支持していたと思われますが、良き妻・良き母として生きるお佐代さんを共感をこめて描きながら、「新しい女」はなにも奔放な生き方でのみ語られるものではない、と主張したかったのではないでしょうか。

さて、話は重野に戻ります。幕末、重野の見せ場は薩英戦争後のイギリスとの交渉

森鷗外

1862〜1922年。泣く子も黙る文豪かつ陸軍軍医総監。二つの分野でトップになるなんて、とんでもない才能だと驚嘆する。だが、軍医総監は中将相当なので、軍のトップにはなれず、そのことにコンプレックスを抱いていたともいう。墓碑にさまざまな栄典を書かず、「石見人　森林太郎」とのみ記せと遺言したのは有名だが、これも男爵になれなかった腹いせという説もある。本当のところはどうなのだろう（国立国会図書館所蔵）。

でした。巨額の賠償を求めるイギリス相手に堂々と渡り合い、薩摩藩の利益を守り通したのです。新政府が成立すると、人々は外交官としての活躍を期待しましたが、重野は学問を選択しました。そして日本の歴史の編纂に取り組んだのです。

重野が重視したのは、要するに「実証」ということでした。当時、人気のあった歴史資料といえば楠木正成が大活躍する『太平記』でしたが、『太平記』は基本的に物語であるからその叙述をすぐさま歴史事実として取り入れることはできない、古文書や日記など他の資料で「ウラの取れない」ものは新しい日本史の叙述には採用しない、と主張したのです。

たとえば、児島高徳《たかのり》。後醍醐天皇は1331年に倒幕の挙兵に失敗し（元弘の変）、隠岐へ流されます。『太平記』によれば、その途中、美作《みまさか》守護館（岡山県津山市）に潜入した児島高徳という武士が「天莫空勾践　時非無范蠡」（天勾践《こうせん》を空しうする莫《なか》れ、時に范蠡《はんれい》無きにしも非ず。意味は長くなるので略。興味のある方は「呉越の戦い」で検索してください）と木の幹に書き記し、天皇を喜ばせた、といいます（ちなみに戦前はこのエピソードを知らぬ者はなく、大正3年には、文部省唱歌「児島高徳」が作られました。本郷和人少年は小学生のときに母親からこの歌を習いましたので、いまでもさびの部分は歌えます）。

ところが重野は、児島の活動を示す他の文書などがまったくないことから、児島は『太平記』が創作した人物であると断じました（こうしたことをほかでも行ったので、重野には「抹殺博士」のあだ名が献じられた）。同様に、楠木正成と子息の正行《まさつら》の「桜井の駅の別れ」もフィクションであるとしました。これに対し川田は、そんなことをしたら日本人の精神が枯渇してしまう、と反論。物語も正式な歴史に生かすことを力説したのです。

こうして起きたのが、重野と川田の大論争でした。重野の背後には薩摩があります。川田はどうやら長州の支持を受ける立ち位置にいたようです。重野に賛同したのが、久米邦武、星野恒。川田に賛同したのが依田学海《よだがっかい》（森鷗外や幸田露伴の師。鷗外の『ヰタ・セクスアリス』では主人公に漢文を教える「文淵先生《ぶんえん》」として登場）。結果、重野が勝利して、日本史というと実証主義の牙城になったのです。

「考える歴史学」が生んだ皇国史観

前項でお話しした通り、日本の修史事業は「科学的に、実証を重んじて」という立場で進められることになりました。『平家物語』や『太平記』など、後世にまとめられた「歴史物語」は、参考にはするけれど、無批判にそのまま史実として使うことはしない、ということです。そうではなくて、同時代の古文書や古記録（日記）を重視して、歴史を語るべし、という方針が定まったのです。

とはいえ、歴史を叙述することはきわめて難しい。一つの史実をめぐって、いろいろな観点から、いろいろな解釈がなし得るからです。そこで史料編纂所は歴史叙述をするための良質な材料たる古文書が、日本国内のどこにどれくらい残っているかを徹底的に調査することにしました。この点では、重野安繹に敗れて修史事業から退いた川田剛の意見が後に取り入れられたということになります。

修史事業に従事していた編纂官は、チームを作って各地に出張（史料採訪という）します。編纂官が赴くことが予定されていた地域では、県知事などの指令により、県庁などの定められた場所に古文書が集められていました。編纂官はそれを一つ一つ検分し、まごう方なき本物と断じれば、東京にいったん送り、精巧なコピーを作成してから返却しました。この精巧なコピーとは、当時はコピー機がありませんので、「写字生」と呼ばれる人たちが古文書の書体まで似せて書き写したもの。これが「影写本」で、現在の史料編纂所の一番の宝物となっています。

お宝を発掘する、というような番組がよく見られるようになってから、歴史資料にもお宝があるんじゃありませんか？　どこかの蔵から戦国時代くらいの古文書が発見されて、歴史が書き換えられるなんてことがあったらロマンですよねー、などと尋ねられることがあります。

たいへん申し訳ありませんが、そうした事態は望み薄です、と答えざるを得ません（ただし、江戸時代以降はその限りにあらず）。織豊政権くらいまでの古文書は、明治以来の調査で、ほとんど探し尽くされています。最近、この古文書が見つかった、とニュースになっているものも、この古文書の「原本（実物）」が見つかった、というだけのこと。古文書の影写本はすでに史料編纂所に架蔵されている。内容は研究者にすでに知られている、というものばかりなのです。

史料編纂所はやがて、これらの良質な史料を活用して、一大史料集である『大日本史料』の刊行を開始します。一見すると、くずし字を活字に置き換えるだけの単純な作業をくり返しているように見えますが、史料の内容を調査し、解釈し、他の史料との連続性を明らかにするのは容易ではありません。かかる熟練の作業は、先輩から後輩に伝えられ、いまにいたっているのです。

ただし、そうした歴史への向き合い方に疑問を投げかけた研究者がいました。それこそは平泉澄《きよし》だったのです。平泉は言います。史料編纂所のやっていることは「調べる」ことにすぎない。彼らはまったく「考えて」いない。それでは職人ではあっても、研究者とはいえない！

ちょうど同じ頃、大正年間に、あのアインシュタイン博士が来日し、「相対性理論」を講義しました。東京帝大で博士を出迎えたのが、田中舘愛橘《たなかだてあいきつ》博士。帝大で物理を教え、多くの俊英を育てた方です。彼の門下生の一人が、夏目漱石の高弟としても知られる寺田寅彦（『吾輩は猫である』の水島寒月のモデルと称される）です。この愛橘先生、「相対性理論」の講義を聴いてどんな感想をもったか。彼はノートに書き記しました。「考えてない。調べただけ」。おお！

調べるだけじゃダメなんだ。考えに考えて、はじめて学問だ。そうした風潮がこの時期には色濃くあったのでしょう。だから、「徹底的に調べろ！」という史料編纂所と「考えに考えぬけ！」という文学部国史研究室（いまは日本史研究室）との対立が生まれた。本当は、「調べる」という行為を深く推し進めれば、その過程でたくさんの

「考える」が必要になるのですが、あえてそこを見ずに、私こそは「考える研究者、真の学者なのだ」と主張して史料編纂所を屈服させ、文系学問のスターになったのが、平泉だったのです。平泉の「皇国史観」のもとでは『古事記』や『日本書紀』が重視されるとともに、『平家物語』や『太平記』などの「歴史物語」も息を吹き返しまし

日本物理学の祖、田中館愛橘

1856～1952年。現在の岩手県二戸市に生まれる。田中館家は盛岡藩の兵法指南の家柄。藩校で学んだときの同期に原敬、後輩に新渡戸稲造がいた。東大に入学し（師は山川健次郎）、のち東大教授となる。地球物理学や航空学など幅広い分野に業績を残し、日本の物理学の草分けとなる。またメートル法やローマ字の普及に努めたことでも知られる（国立国会図書館所蔵）。

た。この意味でも、川田の路線は復活を遂げたのです。

家康が学んだ非情の人事術

「門前の小僧、習わぬ経を読む」という故事成語はご存じですよね。寺の門前で遊んでいる小僧は、いつも耳にしているので、習わない経が読めるようになる。転じて、いつも見聞きできる環境にいると、自然とその知識が身につくようになる、という意味ですね。留意すべきは「小僧」で、お寺の小僧さん、の意味ではありません。小僧さんが居住し修行するのはお寺の内部であって門前ではないからです。これは野球の大好きな子供を「野球小僧」というように、子供の意味だと捉えねばならない。門前で遊んでいる子供、です。まあ、屁理屈はこれくらいにして。

これと同じような意味の故事成語があります。それが「勧学院の雀《すずめ》は蒙求《もうぎゅう》をさえずる」。勧学院は平安時代、藤原氏が一族の子弟の教育のために作った学校のこと。勧学院の周辺に遊ぶ雀は、学生《がくしょう》たちが音読する蒙求の文章のリズムに親しんでいるので、学生の声に合わせてさえずるのだ、ということです。ここに書物『蒙求』が出てきます。夏目金之助先生の「漱石」という雅号の出典となった本です。

蒙求は唐の李瀚《りかん》という人が子供の教育用に著したもの。中国の著名人の伝記・逸話を紹介しているのですが、歌の文句のように口ずさみやすい工夫がなされていて、広く読まれました。平安時代の日本にも伝わり、ずっと後代に至るまで、初学者向けの書物として愛読されたのです。

たとえば「丁公遽戮《ていこうきょりく》　雍歯先侯《ようしせんこう》」という話があります。丁公と雍歯は人名。訓読すると、「丁公はにわかにころされ、雍歯は先《さき》んじて侯たり」となるのでしょうか。秦が滅亡したあと、項羽を破った劉邦が天下を取るのですが、論功行賞に手間取った。みんなが納得するようには褒美《ほうび》は配れませんので。そうすると、功臣たちは疑心暗鬼にかられて、おれは粛清されるんじゃないか。それなら、いっそ謀反を起こすかなどと、不穏な空気が醸成されました。それで劉邦は参謀の張良に対処法を諮《はか》ります。

張良は劉邦に尋ねます。「陛下が恩義に感じているというか、気に入っている者は誰ですか」「丁公だな。彭城《ほうじょう》の戦いで惨敗したおれは危うく戦死するところだったが、当時項羽の部下だった丁公がこっそり見逃してくれたんだ」「なるほど。じゃあ反対に、憎くてたまらない。しかもみんながそれを知っているのは？」「おう、雍歯だ。

あいつには昔っから何度も煮え湯を飲まされているので憎くて殺してやりたいくらいだが、功績を挙げているのも事実なので、仕方なくがまんしている」
張良は進言します。「ではまず丁公を処刑してください。彼は陛下をわざと逃した。つまり、その時点での主人の項羽を裏切っているのです。不忠者はこうなるぞ、とお示しください。また雍歯に土地を与え、諸侯に列してください。皆は、あの嫌われ者の雍歯でさえ侯に取り立てられたのだから、忠節を尽くしているおれは大丈夫だ、出世は間違いない、と安堵《あんど》するでしょう」。劉邦がその言葉に従うと、たしかに配下の将たちは安心して褒美を待つ態度に変わり、ぎすぎすした雰囲気は解消されたのです。

なんだか丁公というのは、石橋山の戦いでぼろ負けに負けた源頼朝の命を助けた、梶原景時みたいな人ですね。この原稿を書くにあたってもう一度調べてみたら、丁公は丁固というのが本当の姓名らしく、なんとあの季布《きふ》の母方のおじさんにあたるそうです。季布はもともと「俠《きょう》」の世界に生きた人（劉邦も、おぼっちゃまの張良も「俠」との深い関わりをもつ）で、項羽に仕えて名将として知られました。ひとたび交わした約束は絶対に守ったことから、「季布の一諾《いちだく》」という語が生まれています。

ぼくが面白いなーと思うのは、この話を徳川家康は確実に知っていた、という史実です。勉強熱心な家康は『蒙求』を読んでいた。とすると関ケ原の戦いのあとで大名たちに領地を配分するとき、家康は間違いなく丁公と雍歯のことを想起したでしょう。

関ケ原の勝敗に大きく関わったのが小早川秀秋による裏切りですが、実は小早川勢の動向を見て、脇坂・朽木《くつき》・赤座・小川の４人の小大名も東軍に寝返りました。西軍

朽木家のその後

朽木家は本家よりも分家が栄えて、3万石余りの福知山城主として幕末まで続いた。この絵の左側の人物は8代藩主の昌綱（1750〜1802年）。文人大名として有名で、蘭学も学んでいる。また、古銭の収集でも知られ、当時はそうしたコレクターを「愛泉家」と称したようだ。「愛銭家」では守銭奴のようなので、泉の字を使ったのではないか。この絵は古今著名な3人の愛泉家を描く。中央の人物は南宋の洪遵《こうじゅん》。右側は富山藩主の前田正甫《まさとし》（東京大学史料編纂所所蔵模写）。

の大谷吉継は秀秋の裏切りには抜かりなく備えていたのですが、この4人の動きは計算外でした。そのため大谷勢は崩壊し、それが西軍の敗滅へつながっていくのです。つまり、この4人の働きは大きかった、ともいえる。

でも興味深いことに家康は彼らの働きを評価しなかったのです。事前に内応を伝えていた脇坂だけには褒美を与えたのですが、朽木は領地を削られ、赤座と小川にいたっては取りつぶしです。徳川の世に火事場泥棒はいらない。丁公の不忠は許さない。家康はそう表明したかったのではないでしょうか。

雅号の由来はとんだ曲者⁉

前項は中国の書物である『蒙求』について触れました。夏目金之助先生の「漱石」という雅号の出どころは、この書物であることも。

みんなが大好きな三国志の時代に生きた孫楚という人は宮仕えせずに隠棲したいと願い、王済《おうさい》という友人に「枕石漱流。石を枕にして、川の流れで口を漱《すす》ぎたい、そのような自然の中での暮らしが夢だ」と告げようとしたところ、うっかり「漱石枕流。

石で漱ぎ、流れを枕にしたい」と言い間違えてしまいました。王済が「流れを枕にできるか、石で口を漱げるか」と突っ込むと、孫楚は慌てず騒がず「流れに枕したいというのは、汚れた俗事から耳を洗いたいからで、石で漱ぐというのは、汚れた歯を磨こうと思ったからだよ」と説明しました。

王済は当意即妙な切り返しを「おみごと！」と感心しました。感心したとき「さすが」と言いますが、これに「流石」の字を充てるのはこのため、という説もあります。まあなにしろ、ここから「漱石」というと、間違いを認めない、やせがまんをはる、というような意味を表すようになったのです。偏屈を自認する金之助先生にはぴったりな雅号といえるでしょう。

なお、この孫楚。たいへんなお坊ちゃまです。祖父の孫資と父の孫宏は、ともに曹操が建てた魏に仕えて重く用いられた人でした。彼自身も、若くから卓越した才能で知られていましたが、周囲の評判はよくありませんでした。人をバカにして見下していた（いますよね、そういう人）からですが、同郷の王済とは親しかったのです。

『世説新語』という本にも、孫楚は人に頭を下げることがめったにない人物だったが、ただ王済には敬服していた、と記述されています。王済に先立たれると、名士があまた参列する葬儀に遅れて現れ、棺《ひつぎ》にすがりついて慟哭《どうこく》しました。ひとしきり泣いたあと、「生前、君は私のロバのまねが本物そっくりだと褒めてくれた。今生の別れにやってみよう」と言って鳴きまねをしてみせたところ、参列者は大笑い。すると孫楚は彼らをにらみつけ、「おまえたちのようなやつらが生き残って、このような立派な人が先立つとは！」と吐き捨てたといいます。

40歳を過ぎた頃やっと魏に仕官し、呉と戦う最前線に駐屯していた鎮東将軍の石苞《せきほう》の幕僚を務めました。そのあといくつかの官職を務めるうちに、曹氏の魏から司馬氏の晋に王朝が代わりましたが引き続き官仕し、驃騎将軍《ひょうきしょうぐん》（いろいろある将軍の中での最高位）に出世していた石苞の補佐に再び任じられました。

孫楚は自分の才能を鼻にかけ、出自が貴くない石苞を侮る態度をとりました。そのため石苞も反発し、両者は数年にわたり対立。皇帝の司馬炎（武帝）も仲裁に手を焼きました。同郷の郭奕《かくえき》（曹操の参謀として有名な郭嘉の子）とも仲が悪かったといいます。それでも孫楚は要職を歴任し、要地の太守などを務めた後に死去しました。隠遁《いんとん》生活を送りたい、との願望はどこに行ったのかな？と思ってしまう成功の人生ですが、このあたりのこと、漱石先生はどう思っていたのでしょうか。

先生は「漱石」という雅号を、あまり気に入っていなかったといいます。不本意だけど、有名になっちゃって、いまさら変えるわけにもいかないから使い続けた。その理由としては、『蒙求』が初学者のための本で、「漱石」の話があまりにポピュラーでひねりがないから、と指摘されることがあります。まあ犬の「コロ、ポチ」やネコの

滝沢馬琴と里見氏

なぜ滝沢馬琴か。彼の代表作は『南総里見八犬伝』であるが、ここには里見義実という殿さまが描かれ、その娘が伏姫とされる。義実は戦国大名・里見氏を興した人だが、その実像はよく分からない。ともかく、彼の子孫（近年の研究によると孫）である里見義堯《よしたか》（1507?～74年）が後北条氏と渡り合い、房総半島に大きな勢力を築いた。彼の子は義弘だが、その別名が義舜《よしきよ》。つまり里見氏は中国の聖天子、堯・舜《しゅん》を意識していたのだ（東京大学史料編纂所所蔵模写）。

「モモ」みたいなものですかね。実際に正岡子規も「漱石」の号を使ったことがあるわけです。けれども、もう一つ、もしかしたら孫楚に対して「なあんだ、隠遁願望なんて口先だけか。あんた、バリバリ出世してるじゃん」と、批判の気持ちがあったのかもしれません。

もう一つ付け加えると、孫楚が隠遁へのあこがれを「流れで口漱ぐ」あるいは「流れに枕する」と言ったとき、彼の脳裏には高名な隠者・許由《きょゆう》のことが意識されていたに違いありません。聖天子の堯《ぎょう》は許由のすぐれた行いを聞いて、帝位を譲ろうとしました。すると許由は申し出を断った後、「汚らわしいことを聞いた」と清流で耳を漱いだのでした。

第8章　人物を語らない歴史研究でいいのか

信長は普通の大名にすぎない？

ぼくは最近、歴史的人間ということを考えています。一人の人間が歴史を変えられるのか、と問われれば、いやそんなことはない、一人の努力では歴史の流れを変えることなどできない。大半の歴史研究者はそう答えるでしょう。ぼくもその一人です。英雄が出現して新たな時代を切り開く。そういうのはフィクションの世界での話だ。そう考えたからこそ、戦後の歴史研究は、人物を語ってこなかった。忠臣・大楠公がどうした、とか足利尊氏は逆賊だから墓を辱《はずかし》めてしまえとか、人物の顕彰や糾弾に余念がなかったのは、戦前の皇国史観に基づく歴史解釈だ、ということです。

それに関連をもつと思うのですが、最近、織田信長の旗色が悪い。信長は万能でもヒーローでもない、「普通の」戦国大名にすぎない、という意見が多い。別にぼくは信長が好きなわけではないので、それはそれでかまわないのですが、じゃあ、どうして戦国時代は終焉《しゅうえん》を迎えたのか、信長が現れたからこそ統一権力への道筋が見えてきたのではないのか、と尋ねると、そうした人たちは答えを用意していないのです。

それでは説得力に欠ける、といわざるを得ない。そのあたりのことを踏まえて、ぼくは「歴史的人間」という概念を一つの答えにしようと試みています。

ある時代の社会を客観的に分析していくと、その社会特有の構造が見えてくる。マルクス主義史観が重視する下部の生産関係だけではなく、それに基づく上部の仕組みまでを視野に入れて、社会全体の構造を復元する。そうすると、その社会がどこから来てどこへ行こうとしているのか、どんな方向性・指向性、すなわちベクトルを有しているのかが解明できます。そのベクトルに合致した行動を取っている人、それが歴史的に「大きな成果」を生み出すことのできる「歴史的人間」なのです。逆にいうと、そうした人物に焦点を当てて観察していくと、ああ、この人を取り巻く環境はこういうものだったのだな、と分かってくる。

信長が偉いとか偉くないとかいうのではありません。信長はそうした歴史的人間の一人だった。彼は社会の要請によく応えることができたからこそ、新しい時代の担い手になれたのだ、と考えます。

源頼朝も同じ。鎌倉に居を定めて、関東の武士＝在地領主層のニーズに丁寧に応えたからこそ、歴史的人間として名を残した。反対に木曽義仲は上洛を急ぎすぎた。北陸に腰を落ち着けて地力を養っていたら、平家を都から追い落とす名誉は逃しても、後白河上皇に政治的に敗北することはなかったかもしれない。

足利尊氏の場合は、建武政権下において政治の舞台から疎外された在地領主層の不満の蓄積があり、彼らは尊氏の決起を待望していた。もし尊氏が旗揚げを躊躇《ちゅうちょ》したら、足利一門の誰か（たとえば弟の直義や一門の重鎮である斯波高経など）がそれに代わるか、あるいは佐竹・武田・小笠原などの源氏一門の誰かが武士を率いて新しい時代の担い手となったでしょう。

ただし、そうした人よりも、足利尊氏が武士たちのリーダーとして適任であることは間違いがない。尊氏個人の意向はさておいて（彼が渋々立ち上がったか、それとも実はやる気満々だったかは歴史学では答えが出ませんので）、多くの在地領主の意志と動向こそが新しい時代を切り開き、室町幕府が京都で産声を上げた。このとき、源氏の名門である武田家は甲斐の守護に、小笠原は信濃守護に任命されました。

両家はとりあえず守護大名として領国を形成し、やがて戦国大名へと成長していきます。そして武田家には信玄という傑物が現れた。信玄は父の信虎を追放して家督を継ぐと、すぐに信濃への侵略を開始。ほぼ10年で信濃を手中に収めました。さらに10

年をかけて越後から攻勢をかける上杉謙信と川中島の戦いをくりひろげ、信濃支配を強固なものとします。

一方の小笠原氏は信玄の攻勢を支えきれずに次々と所領を失っていき、天文19（１５５０）年には本拠である林城（長野県松本市）が陥落。国外に逃れて、京都の将軍家や各地の戦国大名家のもとを転々とする生活に入ったのでした。

小笠原氏を迎え入れた？芦名盛氏

1521～80年。芦名家第16代当主。会津地方を領した戦国大名。軍事に優れ、芦名家の全盛時代を現出した。信濃を退去した小笠原長時は客将として盛氏に迎えられ、会津で亡くなったとされる（長時の墓は会津にある）。だが長時が会津へ向かったのは本能寺の変の後のことであるから、その時には盛氏は死去しており、計算が合わない（東京大学史料編纂所所蔵模写）。

なぜか小笠原家を気に入った家康

林城を失って信濃から退去した小笠原長時は会津で死去しますが、その子の貞慶と嫡孫の秀政はやがて徳川家康に仕えます。なぜか家康は小笠原家を気に入ったようで、譜代大名の待遇を受けるとともに、秀政は家康の孫の登久《とく》姫と婚姻します。彼女は家康の長男、松平信康の忘れ形見。家康によって養育されていました。

家康が関東に入ると、秀政は下総・古河《こが》3万石を与えられます。かつて関東公方の末裔《まつえい》である古河公方の居処《きよしよ》ですから、要地ですね。関ケ原の戦いではほぼ何もしていませんが、信濃・飯田5万石に加増。やがて秀政は出家し、家康のひ孫にあたる忠脩《ただなが》が家督を継ぎます。でも実権は依然として秀政のもとに。すると慶長18（1613）年、ついに父祖の地である信濃・松本8万石に加増移封。「松本よ、私は帰ってきた！」。よかった、よかった。

青年に成長した忠脩は亀姫という女性と結婚。この人の父は徳川四天王・本多忠勝の後継者、忠政。母は松平信康の娘の熊姫。つまり、二人の母は姉妹で、二人はいとこ。小笠原家はさらに徳川家と縁続きになったのでした。

好事魔多し。秀政・忠脩父子の運命は大坂の陣で暗転します。夏の陣、最後の天王寺・岡山の戦い。大坂方の決死の突撃で忠脩は戦死。秀政も負傷して、すぐに息を引き取ります。事実上の当主と若殿を失った小笠原家。でも彼らの戦死はこの後、小笠原家の危機を救うことになります。忠脩夫人の亀姫は夫が戦死したときに妊娠していました。幕府は彼女を忠脩の弟の忠真《ただざね》に嫁がせた上で、忠真に家督を相続させます。

大坂の陣から2年後、本多忠政は伊勢・桑名10万石から播磨・姫路15万石に栄転。忠政の嫡男の忠刻のもとには秀頼未亡人の千姫が化粧料10万石持参で嫁いできており、忠刻の弟の政朝も播磨・龍野5万石に封じられ、姫路の本多家は大繁盛。小笠原忠真も本多ファミリーの一員として、松本から播磨・明石10万石に加増転封しています。

こういうかたちで、一門を隣接して一定地域に配置する、という措置を幕府はしばしば取ります。たとえば元和8（1622）年に出羽・山形の最上家が改易されたあと、関ケ原の戦いのとき伏見城で名誉の戦死を遂げた元忠を父にもつ鳥居忠政が磐城平10万石から山形に22万石で入城。すると忠政の妹婿の戸沢政盛が出羽・新庄6万石に、娘婿の酒井忠勝が出羽・鶴岡（庄内）13万石に、いとこの松平重忠が出羽・上《かみの》山《やま》4万石に、というような例もあります。姫路の本多ファミリーには、西国への抑え、という役割がふられたのでしょう。

ただし千姫の夫、忠刻が惜しくも若死にしたことで、ファミリーには変化が。千姫は忠刻との間に生まれた女子とともに江戸城に帰ります。化粧料10万石は当然、幕府に返還。龍野にいた政朝が改めて嫡子となり、姫路へ。あいた龍野領は千姫の化粧料から1万石がプラスされて6万石とし、小笠原長次に与えられました。長次というのは、忠脩の遺児。父の顔を知らずに生まれてきたのですが、叔父の忠真と母に育てられていたのです。やはり家康の血を引く人は待遇が良いのですね。

寛永9（1632）年、加藤清正の子である肥後の大大名、加藤忠広が改易されました。そのあとに熊本城に入ったのは細川忠利。この人の妻は小笠原氏で、忠真の一つ下の妹。すると、細川氏の異動に伴い、忠真は明石10万石から、細川氏の旧領・豊前小倉へ。石高は5万石加増の15万石。ついでに龍野の長次も2万石増やしてもらって、豊前・中津8万石に。引っ越しがたいへんです。

このあと小笠原本家は譜代大名、小倉15万石城主として続き、幕末まで続いていきます。九州の玄関口を押さえて、「九州探題」などとも呼ばれました。一方、中津の小笠原家は暗君が続いて、途中で４万石に減らされ、さらに跡継ぎがいなくて無嗣改易の憂き目を見ます。ところがここで、「祖先の勤労」（秀政・忠脩父子の戦死）により播磨・安志《あんじ》（兵庫県姫路市）に１万石で立藩を認められました。ただし、安志藩主はのちに小倉の小笠原本家から入ったために、小倉の分家のような扱いを受けるにい

元姫路藩主、池田光政

1609～82年。備前岡山藩主。江戸前期を代表する名君として知られる。教育の充実と質素倹約を旨とし「備前風」といわれる政治姿勢を確立した。全国初の藩校・花畠教場を開校し、寛文10（1670）年には日本最古の庶民の学校である閑谷《しずたに》学校（岡山県備前市）も開いている。正室は本多忠刻と千姫の子、勝姫であった（東京大学史料編纂所所蔵模写）。

たったといいます。それでも明治維新まで、なんとか家を安志の地で受け継いでいったのです。

ちなみにあの宮本武蔵の養子の伊織は島原の乱などの功績で4千石を得て、忠真を支えました。彼の家は小倉藩の筆頭家老として続いていきます。

信濃の「おいしいところ」を取った名族

2019年10月に長野県立歴史館で講演の機会を与えられ、そこで小笠原氏についてお話しする予定でした。そしたら、例の破格な台風が来て、講演会が中止になってしまった。でもせっかくいろいろ調べたので、要点だけでも書いておきたいと思います。

武家の棟梁《とうりょう》としての源氏は、八幡太郎義家の華々しい武功によって始まります。彼が八幡太郎というのは、石清水八幡宮で元服したから。弟の義綱は賀茂社で、義光（1045～1127年）は新羅《しんら》明神（大津三井寺の新羅善神堂）でそれぞれ元服したので賀茂二郎、新羅三郎と称しました。

義綱は兄の義家と確執があったのですが、義光はよく義家を補佐しました。「後三年合戦」の折、奥州で苦戦する兄を助けに官を辞して東下（寛治元＝1087年）。彼は日頃、楽人の豊原時元について笛を習い、上達して秘曲を授けられていたのですが、時元の子・時秋が奥州の戦場へ赴く彼を追って箱根までやってきた。義光は自身が討ち死にして秘曲が滅びることを恐れ、足柄の山中で時秋に伝授したといいます（『古今著聞集』）。いい話ですね。実際に事績を調べてみると、彼は結構な陰謀家というかワルだったみたいですが、まあそれはさておき。

義光は常陸介、甲斐守に任官しました。それで彼の子孫は両国で繁栄していきます。常陸では佐竹氏。甲斐では武田氏。本領は常陸の方だったようで、信玄に連なる武田家も義光の三男の義清が常陸国那珂郡武田郷（茨城県ひたちなか市武田）を与えられて「武田冠者」を名乗るところに由来しています。

義清の子に加賀美遠光《とおみつ》がいて（系譜は異説あり）、甲斐国巨摩郡加賀美郷（現在の山梨県南アルプス市の一部）に所在する加々美荘を本領としました。彼は弓の名手として高倉天皇に仕えていたようですが、源平の戦いが始まると源頼朝に従い、鎌倉幕府では「源氏の一門」として足利氏や武田氏などとともに丁重に扱われました。頼朝の推挙を得て信濃守にも任じています。そしてやっと出てきました。この遠光の子が小笠原氏の祖となる長清なのです。

彼は父の遠光の所領のうち、巨摩郡小笠原郷をもらい、小笠原を家名としました。『吾妻鏡』において長清が小笠原を名乗るのは元暦元（1184）年以降で、建久6（1195）年までは加賀美と小笠原の名乗りが混在しています。この所領については巨摩郡の中に小笠原という地名が現在2カ所あるため、今の南アルプス市小笠原か北杜《ほくと》市明野町小笠原かで議論があるようです。

さて、長清は兄・秋山光朝とともに京で平知盛の家来を務めていましたが、ひとたび鎌倉に従ってからは、頼朝に忠実に仕えたようです。頼朝と幕府は源氏一門を一般御家人の上位に位置づけて厚遇する一方で厳しく監視もし、少しでも怪しい動きがあると容赦なく滅ぼしました。信濃源氏の平賀氏や美濃・尾張の源氏は討たれ、上野の新田氏は鎌倉時代を通じてうだつが上がりませんでした。

いま平賀氏の名を出しましたが、源氏一門の最上席は足利氏で、だから北条一族が滅びると足利尊（高）氏がすんなりと武門の棟梁になったのだ、という理解があるかと思います。それは間違いではないのですが、幕府ができた頃は、最上席は平賀氏、足利氏は第2席でした。平賀氏は後鳥羽上皇に接近して、将軍にもなれるほど家格を上げていきます。そのために、北条時政は愛娘《まなむすめ》（正室の牧氏が産んだ子）の婿である平賀朝雅《ともまさ》を源実朝に代えて将軍にしようと画策。結局この企ては失敗して時政は失脚して故郷に蟄居、朝雅は京都で討たれ、平賀氏は力を失います。

源頼朝との距離で決まった幕府序列

源頼朝は鎌倉幕府の序列として、①将軍とその家族②源氏一門③家の子④一般の御家人——というふうに定めたもようである。③の家の子というのは、頼朝に近しく仕えたいわゆる親衛隊でエリート御家人。有力御家人の子弟から選抜されていて、その首座が北条時政の子の義時（注／2022年に放送予定の大河ドラマ『鎌倉殿の13人』の主人公）ということになる。また本文で触れたように、②の首座は初め平賀氏だったが、同氏が滅びた後は、一貫して足利氏が務めた（東京大学史料編纂所所蔵模写）。

平賀氏の動向に触れたのは、どうやら没落した同氏が残した遺産の、おいしいところをもっていったのが長清らしいから。平賀氏の本領は家名ともなっている信濃国の平賀郷、今の軽井沢一帯ですが、ここはともかく生産力がずば抜けていた。もしかすると大和朝廷の時代以前から開発されていていまでも自然食の宝庫だし、そこまで古く遡《さかのぼ》らなくても名馬の産地として有名（「望月の駒」は超一流のブランド品）で、武士の本拠にはうってつけ。この地に立てられた伴野《ともの》荘は、南北朝時代の資料によるとなんと8千貫もの年貢を納めることができた。平均的な御家人の所領は200貫くらい。伴野荘のけた違いぶりが分かるでしょう。これを譲り受けたのが、小笠原一族だったようです。

将軍になれたはずの小笠原氏

ぼくはずっと、執権・北条氏はなぜ鎌倉幕府の将軍にならなかったのか、もしくはなれなかったのか、を考えてきました。この問題を考えだしてもう20年になるのですが、ここへ来て、ようやくぼくなりの答えに到達しました。それは「将軍になることは可能だった。けれどもならなかった。それは北条氏が賢明だったから」というものです。

言葉を補って説明しましょう。まず桓武天皇の血を引く皇子が「臣籍降下」をして、いわば「普通の人」になり、「平」姓を名乗る。話はここからです。それで、ずっと都に居住して朝廷に仕え、貴族として代を重ねる。これが①「**貴族・平家**」です。それから、朝廷とのつながりはもちつつ、国司などに任じて活躍の場を地方へ求める。これが②「**地方官・平家**」です。家の格は①より下落する。関東で暴れまわった平将門は②で、つまり②からは武装して「武士」になる家が現れます。さらに②からは分家が派生し、その多くは朝廷とのつながりを失っていく。それぞれの地域では有力だけれども、位階や官職をもたない家が多くできるのです。これが③「**地下《じげ》の平家**」で、千葉や三浦や畠山など、有名な関東武士の家がこれです。

こうして、同時代に①と②と③が存在することになりますが、③を束ねて「武士のリーダー、武門の棟梁」になる家が生まれてくる。その資格を有するのは②です。実例となるのは平清盛の伊勢平氏ですね。一方で③では、棟梁とは認められない。力を蓄えたから、と実力を根拠に成り上がろうとしても、他の③の家々から厳しくとがめられ、よってたかって滅ぼされてしまうのがオチです。

以上を踏まえ、北条氏の問題に立ち返ってみましょう。同氏は③です。だから他を圧する権力を獲得しても武門の棟梁たる将軍にはならなかった。承久の乱の直後には天皇の存在すら否定してしまった（後鳥羽上皇の嫡孫である仲恭天皇を強制的に退位させ、後堀河天皇を立てた）北条氏ですから、なろうとすれば、なれないことはなかった。でも彼らは賢明だったので、無理はしなかった。他の御家人の恨み・そねみを買うから、将軍の職を望まなかった。このため、貴族の北畠親房からは「彼らは分際をわきまえていて立派である」と称賛されたわけです。

次に、この事態を源氏に当てはめてみましょう。鎌倉幕府を創始した源頼朝が②であることは言うまでもない。義経も②の一員だから、ライバル視され兄に滅ぼされた。問題は平賀氏や足利氏など、幕府内で「源氏一門」と位置づけられ、通常の御家人の上位に置かれた家です。これらは一時的には朝廷とのつながりを失っていたかもしれないが、源平の争乱という列島規模の内乱を経て、②に復したのではないでしょうか。たとえば源氏一門の首座にいた平賀義信は、平治の乱以降は信濃源氏というだけで官位を有していませんでしたが、頼朝の推挙を得て武蔵の国司になった。義信の嫡子の朝雅は後鳥羽上皇に近侍し、伊賀の知行国主（国主は国司の上位職で、上級貴族ではじめて、なることが可能となる）に任じられました。

足利尊氏と建武政府

尊氏が後醍醐天皇に親近感を抱いていた、とはしばしば指摘されるところである。だが、だからといって、尊氏の挙兵がなかったかもしれない、建武政府は存続する可能性があった、というのは違うと思う。あの時点で武家のエネルギーは、後醍醐天皇の政府を打倒する方向に強烈に作用していた。尊氏が尻込みすれば、第2、第3の尊氏が出現したにちがいない（東京大学史料編纂所所蔵模写）。

ここで、本項のテーマたる小笠原氏に言及したい。小笠原氏は源氏の一門として遇されていた。また、平賀氏が滅ぼされた後は、その遺領も入手した。ならば小笠原氏は②であると考えるべきでしょう。重ねて推論するなら、小笠原氏と足利氏はともに②の一員である。そこに規模の大小はあっても、本質に違いはない。ということは、足利氏は北条氏の滅亡後に将軍になったわけですから、小笠原氏も将軍になることは可能だったとみるべきではないか。

あれあれ、理屈を並べていたら、すごい話になってきました。いや実は、ぼくはこれが言いたかったのです。もちろん、動乱においての身の処し方の巧拙は重要な要素になる。②として、足利氏が一頭地を抜く存在であったことは否めません。ですから、足利尊（高）氏がよほどのヘマをして、そのときに巧みに立ち回っていたならば、という条件は付随するのですが、武田や佐竹、小笠原といった源氏一門が将軍となり、幕府を開く可能性は「あり」だった、とぼくは思うのです。

後醍醐天皇の建武政権は、真の時代の担い手であった武士層の支持を得ることができなかった。だから、それが足利氏でなくても、②の誰かが武士たちの輿望《よぼう》を担って建武政府に反旗を翻し、崩壊に導いただろう。それが「歴史の流れ」というものの具体的な姿ではなかったか、と考えるのです。

家康の娘を迎えれば「お家安泰」か

　徳川家康は子だくさんで、妻妾に男の子11人、女の子5人を産ませています。女の子5人のうち、成人したのは長女・次女・三女の3人。長女の亀姫は正室の築山御前とのあいだの子で、奥平信昌に嫁ぎました。子孫は豊前・中津10万石や武蔵・忍《おし》10万石の殿さまになっています。次女の督姫は西郡局《にしのこおりのつぼね》（三河の鵜殿氏）とのあいだの子で、はじめ小田原の北条氏直の夫人となり、北条氏が滅びた後は池田輝政の後妻となりました。子孫は鳥取池田家32万石の殿さまとして江戸時代を過ごしました。

　今回注目したいのは、三女の振姫《ふりひめ》（1580〜1617年）です。母は側室の良雲院。この人の父は武田旧臣の市川昌永とされていますが、諸説あるようです。また母は下山殿（穴山梅雪の養女？）という人だったとする説もあります。なにしろ甲斐の武田ゆかりの母親をもつ女性なのですね。

　振姫は豊臣秀吉の命により蒲生氏郷《がもううじさと》の嫡男・秀行と婚約。慶長3（1598）年に輿入れしています。秀行は父の遺領である会津92万石を領有していましたが、この年、宇都宮18万石に左遷されました。でも関ケ原の戦いでは東軍についたため、なんとか会津を回復しています。所領は60万石ですが、大大名であることに違いありません。

振姫は夫とのあいだに、忠郷、忠知の2男と1女（加藤清正の子、忠広の正室）をもうけます。ところが夫が慶長17（1612）年に30歳で急死してしまいます。長男・忠郷はまだ11歳。振姫は幼い息子に代わって果敢に藩政を切り盛りしますが、蒲生家は重臣の発言力の強さで有名。家老・岡重政との対立が激しくなり、結果、徳川家康の裁定を仰ぐことに。父の家康は娘の肩をもち、重政は切腹に追い込まれました。

藩主夫人と家老が真っ向から対立し、あげく家老が切腹を命じられた、などという事例はあまり見ることがありません。こうしたゴタゴタがあったからだと思われますが、振姫は元和元（1615）年、家康の命により、和歌山藩主の浅野長晟《ながあきら》と再婚することとなり、子を置いて蒲生家を去りました。一応対立は振姫に軍配を上げたけれど、彼女は蒲生家から遠ざけたほうがよさそうだ、という家康の政治的判断だったのではないでしょうか。

ところが振姫、戦場を往来した蒲生の老臣たちと渡り合うような女丈夫ですので、浅野の家で楽隠居などしていない。現代とは異なり当時は、女性は跡継ぎの男子を産むことを強く望まれた時代です。それに応えて彼女は38歳の高齢出産（当時）でみごとに男の子を産みます。でも出産は彼女の体に深刻なダメージを与えたようで、16日後に亡くなったのでした。振姫が自らの命と引き換えにこの世に送り出した男児が、浅野の家を継いだ後の光晟《みつあきら》です。

浅野家は豊臣秀吉の親戚といえる家でした。家を興した長吉の妻と秀吉の妻・ねねとは姉妹（血のつながりがあったか否かは諸説あり）。つまり長吉と秀吉は義兄弟。それで早くから、織田家の弓衆だった浅野長吉は秀吉の部下として働いていたのです。彼は槍《やり》働きは得意ではなかったけれども、堅実にデスクワークをこなすタイプだったらしく、刀狩りや検地で大いに実績を残し、五奉行筆頭に置かれました。豊臣家のかじ取りを担う立場だったのです。

長吉のサラリーは、大津や小浜など京都近郊の要地を領したあと、息子の幸長（この人は軍事ができた人）とともに、甲斐一国22万石。この石高は豊臣恩顧のデスクワーク派としてはもっとも大きなものですが、問題は京都や大坂からの距離。同じ五奉行の石田三成（近江・佐和山19万石）、増田長盛（大和・郡山20万石）に比べてみると、ちょっと負けてるかな、という感じがぬぐえない。そのことが関係しているのでしょう、秀吉が没すると長吉は家康に急接近し、名前も秀吉の「吉」を捨て、長政と改名しています。

関ケ原の戦いでは息子の幸長が東軍として奮戦。戦後に和歌山37万石余りを与えられました。彼の娘は尾張徳川、義直の正室となり、その豪華な輿入れは名古屋式婚礼

浅野長政正室・長生院

名はやや。父は杉原定利。姉ねねとともに、浅野長勝の養女となる。ねねは木下藤吉郎に嫁ぎ、ややが安井重継の子・長吉の妻となって、浅野家の婿養子として迎え入れたとされる。ただし、異説もある。後の慶長18（1613）年、長男・幸長に先立たれた際、幸長に男子がいなかったため世継ぎ争いとなった。長生院は、三男・長重に遺領を継がせるように希望したという。これも異説はあるが、夫の長政、子の長重とともに茨城県・真壁の伝正寺に眠っているので、この説が正しいか（東京大学史料編纂所所蔵模写）。

のルーツになったといわれています。このあと、尾張徳川と浅野家はずっと親戚づきあいをしていきます。

幸長は後継者なく没したので、弟の長晟が次代の藩主となり、そこに振姫が嫁いできた。そして男子を産んでくれた。家康の血を引くこの子・光晟はやがて浅野家を継ぎ、「権現さまのお血筋」である彼の子孫が幕末まで、家を守っていくことになります。

「ケチな家康」の例外

1590年に関東に移された徳川家康は家臣たちに土地を分け与えましたが、10万石以上は3人。井伊直政が上野・箕輪（のち高崎）12万石。本多忠勝が上総・大多喜10万石。榊原康政が上野・館林10万石。彼らは10年のあいだ、それぞれに城下町を整備したり、徳川家の外交や政治を担ったりと活躍していきます。そしていよいよ1600年の関ケ原の戦いです。家康はみごとに天下人の座に就きました。

さて、ここで考えてみてください。仮にあなたが企業を経営していたとしましょう。

それで今回、長年の研究のかいあって、画期的な製品の開発に成功した。大幅な利益増が見込める。会社の価値は飛躍的に伸長する。そうしたらあなたはどうします？社員こそは宝っていいますよね。昔から一緒に苦労してきた彼らの給料をぐっと上げたくなりませんか。いままで本当にご苦労さん。これはオレの感謝のしるしだ……。

家康はこれをまったくといっていいほど、やりませんでした。井伊直政は家来の高崎勢とともに関ケ原で奮闘した。西軍への一番槍は井伊隊。退却していく島津の軍勢とも戦い、直政自身が深手を負っている（戦後1年あまりで死去）。これで近江・佐和山（のち彦根）に18万石。この5割増しが例外的な大盤振る舞いです。

本多忠勝は自らは戦奉行として関ケ原を疾駆したものの、本多勢は徳川秀忠とともにあって、決戦には間に合わなかった。それで伊勢の桑名10万石に転封のみ。ただし、大多喜領は次男の忠朝に5万石で残されたので、本多一族としては5万石の加増。これに対し、榊原康政は自身の軍勢とともに秀忠についていた。結果、戦っていないと見なされ、加増なし。えぇー、これまでの康政の長年の働きに報いるのに、3万石くらい加増しても罰は当たらないでしょうに。でもあくまでもドライにゼロ査定なんですね。

彼らへの褒賞には、まさに「ケチな家康」の面目がよく表れています。でも例外はあって、娘婿には大盤振る舞い。次女・督姫の夫、池田輝政は岐阜城攻めでこそがんばったものの、関ケ原では南宮山《なんぐうさん》への備えとして戦わなかった。でも、三河・吉田（豊橋）15万石から播磨・姫路52万石（のち一族で92万石）へ。三女・振姫の夫、蒲生秀行は宇都宮を守って何も動かなかったにもかかわらず、宇都宮18万石から会津60万石へ。榊原の「ゼロ査定」と比べてみると、「大甘」と評さざるを得ない。

家康の娘が産んだ男子は、「神君の外孫」として重んじられました。また、その直系男子も多少の失敗は大目に見てもらえる。たとえば長女・亀姫の血を引く奥平昌能《まさよし》（1633～72年）という殿さまがいました。この人、チョンボを2度やっている。

一つ目。1668年に父の忠昌が病死。すると、父のお気に入りだった杉浦右衛門兵衛に対して「おまえ、まだ生きているの？」と失言。杉浦は武士の面目が立たないと、すぐに切腹して忠昌のあとを追った。ところが文治政治への転換を進めていた江戸幕府は、この事件に先立つ1663年、殉死禁止令を出していたんですね。だから、昌能と杉浦の行為は殉死の制禁に対する挑戦と捉えられても仕方がなかった。

二つ目。同じく忠昌が没した14日目には、法要が営まれた下野の興禅寺で刃傷事件が起きています。奥平家には長篠の戦いで殊勲を挙げた七族五老という大身の家臣がいましたが、1300石を食む奥平隼人が1千石取りの奥平内蔵允《くらのじょう》を些細《ささい》なことが原因で罵倒。内蔵允は抜刀しましたが、斬り損ね、恥じて自害。藩士たちは喧嘩《けんか》両成敗の大原則から、隼人にも切腹の沙汰が下るものと思っていたところ、昌能は処分に手間取り、結局は改易にとどめた。この処置に納得しない藩士が多く藩を離れ、この一件は結局、1672年の浄瑠璃坂の仇討ちにつながっていきます。

この二つの失敗がありながら、昌能は2万石を減らされて、出羽山形へ左遷されただけにとどまっています。彼が普通の大名だったならば、こんな軽い処分では済まなかったはず。

前項でお話ししたように、振姫は蒲生秀行が亡くなった後、和歌山37万石の殿さまだった浅野長晟に輿入れし、自分の命と引き換えに、光晟を産みました。福島正則が失脚したあとを受けて、長晟は光晟を伴って広島へ。全国で8番目の大藩、広島42万石は家康の血を受け継いだ光晟の子孫たちによって継承されていきます。世はすでに文治政治へと転換していたこともあり、神君の血筋という最強の武器を有する浅野家は、江戸時代を無事に生き抜いたのでした。

家康の手口で読み解く韓国対日攻勢

ぼくは右でも左でもないつもりだし、専門外のことなので政治がらみの話題についてあれこれ語ることは避けています。でも、そんなぼくでも２０１８年10月30日の韓国の徴用工判決には驚いた。大統領主導の猿芝居による裁判（専門家の説得力をもつ指摘あり）にもかかわらず「司法の判断を尊重」と強弁し、ツートラック（２路線）政策を推進して「真の友人になりましょう」ってどの口が言うんだと。盗んだ仏像を返さない判決にもビックリし憤慨しましたが、今回はほとほとあきれ果てました。

でも、ここで冷静に考えるのが研究者の務めです。歴史にこういう「え、それなに⁉」はないのか、と自問したときに、ああそうなんだ、と納得できた事件がありました。それは関ケ原の戦いと大坂の陣にいたる過程での徳川家康のやり口です。

豊臣秀吉が没すると、家康は従来の「律義者」の仮面を脱ぎ捨て天下取りに邁進《まいしん》します。そのとき、彼が欲したのは「大規模な戦い」。日本列島を戦争状態にして一挙に体制をひっくり返す。「革命は血を欲する」というやつで、秀吉がこれを実践して織田の天下を奪っています。後年では、西郷隆盛も明治新政府を安定させるために戦争を必要としました。徳川慶喜の処刑（主君が切腹となれば旗本・御家人はいや応なく江戸城に立て籠もりますから、それは江戸での戦いを意味します）を最後まで主張したのは、実は西郷です。

ポイントは「大規模な」戦いというところで、だから加藤清正・福島正則らが石田三成を糾弾・襲撃したときは、むしろ三成の命を助けています。三成一人では敵とするに値しないのです。そこでまず前田に謀反の企てありとし、前田が直ちに軍門に下ると、今度は上杉。直江兼続が「いつでも相手になってやる」と啖呵《たんか》を切るとホクホクして会津征伐に向かい、彼の不在は願い通り、関ケ原の戦いへと展開していきました。

この流れにおいて、周囲はどう感じたか。諸大名は皆、ああ徳川殿がムチャクチャやってる、と看破していたと思いますよ。前田や上杉に謀反のたくらみがあるなんて、誰も信じてない。だけど、ここは家康に乗らないといけない。じゃないと、オレの家の未来はない。そう判断したから、会津へと号令がかかると、福島も黒田長政も細川忠興もいち早く家康のもとにすっ飛んでいった。どうしようかなーともたもたしている連中は捨て置いて、「親分が白と言えば、カラスも白」という、従順でかわいい諸大名を率いて家康は会津に向かいました。だから「もたもた組」が西軍となり、「会津組」が脱落者なく東軍を形成したのは当然だったのです。

それから、家康のムチャクチャといえば方広寺の鐘銘事件。最近、この事件の正当性（方広寺鐘銘は十分に大乱の口火になり得る）を主張する研究があるそうですが、マジですかね。「国家安康」が家康に対する呪詛《じゅそ》なわけ、ないじゃありませんか。そんなこと、いくら戦場を往来していた〝脳筋〟の大名だって理解できます。こんなものは要するに「いいがかり、いちゃもん」。「徳川はいよいよ豊臣をつぶす戦を仕掛けますが、皆さんどうします？　豊臣の味方になるなら、一緒に滅ぼしますよ」という踏み絵にすぎません。

この故事を参考にすると、分かります。権力者は時に明らかなムチャクチャをやるのです。権力者の力が強大であれば、誰もそれに逆らえない。ムチャクチャだと知って、それでももみ手して従うのです。

そうすると、問題は今回の文在寅《ムンジェイン》大統領の真意はどこにあるか、ということですね。敵をやみくもに大きく見るのははばかげています。といって、過小評価しては思わぬダメージを蒙《こうむ》ることになる。そこで①司法が独自の判断で判決を出した。これは、まあない。②韓国政府は民意に沿うため、支持率を稼ぐために日本たたきに余念がない。あるいは③韓国政府は世界の趨勢を分析して日本への対応を工夫し、攻勢に出ている。②ならいいのですが、③の可能性があります。慰安婦の問題で私たちが期待するほど「韓国はデタラメだ」という世界的な批判が起きないのは、たぶん「＃ＭｅＴｏｏ」運動にも見られる「女性差別を是正しよう。女性の人権を守ろう」というトレンドが影響しているからでしょう。それと同じで徴用工問題でも、「弱い人を守ろう」という主張に

方広寺鐘銘事件の仕掛け人、林羅山

京都で浪人の子として生まれる。建仁寺で仏教を、独学で儒学（朱子学）を学ぶ。藤原惺窩《せいか》の門に入り、師の推薦で徳川家康に仕える。23歳でブレーンの一人となり、儒学の官学化、幕府のプロトコル（儀礼）の整備に尽くした。方広寺の鐘銘の「国家安康、君臣豊楽」を「クロ」と断じた。明暦の大火で蔵書が焼け、それにショックを受けて急死したと伝わる（東京大学史料編纂所所蔵）。

乗っかると、面倒なことになります。世界の人々はまずもって「東アジアの正義」に興味をもたないし、「法の約束」も理解しない。それより、「弱者を守れ」という口当たりの良い訴えに飛びつく。

ネットが大きな力をもつ現代、世界の世論をどう味方につけるか。と言っても、正しいことを正しいと認めてもらうだけなのですが、これを品良く、でも堂々と実行するのは難しい。日本政府のがんばりを期待したいところです。

問題は「かたち」ではなく「中身」

前項で徴用工判決の「あり得なさ」を徳川家康の汚いやり口と関連させて論じました。これは自分では相当な手応えを感じた（歴史事件を現代に生かす）のですが、まあ手ひどく怒られました。冒頭で「ぼくは右でも左でもない」と書いたら、うそをつけ、と。かつて大河ドラマ『平清盛』の時代考証をやったときには右の人から怒られましたが、徴用工判決を云々するとお前は右だと怒られたわけです。

『平清盛』といえば、権門体制論という有力な学説では、天皇家を「王家」と呼んで貴族の「公家」、武士の「武家」、僧侶の「寺家」の上部に置きます。それを用いて『平清盛』は皇室を「王家」と呼んだ。そうしたら、天皇は「王」ではなく格が上の「皇」である。おまえ（時代考証担当は複数いるのに、なぜかぼくが標的になった）は天皇を侮辱するのか、とたたかれました。

ぼくが権門体制論を批判し続ける数少ない一人（というか、いまやぼくだけ？）で、これに対抗する東国国家論を唱えていることは少し調べれば自明のことですが、学界の人は誰も助けてくれないわ（身の不徳の致すところ）、片山さつき元地方創生担当相には公の場で虚偽に基づく批判をされるわ（平成24年3月29日の参議院総務委員会）、たいへんでした。いまだから笑って回顧できますが、その当時の圧力は本当にすごかった。このとき唯一、実証的な反論の場を与えてくれたのが産経新聞でした。涙が出るほどありがたかったし、その男気に報いるため、ぼくはいまでも本書の基になるコラム「本郷和人の日本史のナナメ読み」を書いてます。

また、先日はある著名な研究者の方から「筆を折れ！」とまで怒られました。それはこれまた身の不徳の致すところと反省するほかないのですが、その際に一つ気になることがありました。「本郷というヤツはおそらく平成22年以降、論文を書いてない」

と指摘されたことです。

これはたぶん誤りで、すぐに思いつくものでも『岩波講座　日本の思想　第八巻』に「王法と仏法」（平成26年）、雑誌『法然思想』（草愚舎）の0号（27年）と3号（28年）に一本ずつ、それから朝倉書店の何巻本かになる『領域の歴史と国際関係』の総論と各論を一つずつ書いている。細かく思い出せばもう何本かは書いてるはず。いや、誤りはよいのです。ただ「あいつは論文を書いてない」という指摘が研究者への批判になるところが問題です。つまり「新書や選書などは論文よりも学術的に下だ、学問業績にはならない」という認識ですが、これは正しいのでしょうか。

他の学問は知りませんが、現状、日本史の学界はまさにそう。選書や新書は「一般書」として業績にカウントしない。たしかに研究状況を分かりやすく伝えるだけの本はあるし、まさかぼくが監修した『やばい日本史』（ダイヤモンド社）に学問的価値を見いだせなんて言えません。でもたとえば『日本史のツボ』（文春新書）。これには40年くらい日本史研究に従事した結果、ようやく見えてきたエッセンスを盛り込んだ。

一例を挙げると、「古代・中世においては所有権が成熟していない」という指摘です。このことを言葉にし得た（閃いたときには、そうかそうかとつぶやきながらその辺を踊り回りました）ことによって、ぼくは荘園制という訳の分からない土地所有（これを分かりやすく教えられると、プロの教師として一人前といわれる）をやっと説明することができた。

東と西の問題もそうです。ぼくはずっと、なぜ平清盛は源頼朝を伊豆なんぞに流したのかが分からなかった。そんなの、関東の武士と結んで反乱を起こせといってるようなものじゃないか、と。それから東と西の境界線ということも気になっていた。それをいっぺんに解決できたのが、ああ日本は古来、西国国家なのだ。日本

大河ドラマの名脇役、平重盛

重盛は清盛の長男で、内大臣に昇った。ただし、平時子の所生ではないので、嫡男だったかどうかは説が分かれる。余談だが平家一門はみんな名前に「盛」がつく。それで大河ドラマ『平清盛』では「誰が誰だか分からん」というお叱りを受けた。そんなこと言われても……（東京大学史料編纂所所蔵模写）。

列島は一つの国家という古代史の主張は画《え》に描いた餅だ、という「気づき」でした。これをどう論文で表現するか。新書のほうが絶対に効果的に自説を述べられるのです（西国国家論は、先の『領域の歴史と国際関係』でむりやり論文化しましたが）。

問題は「かたち」ではなく「中身」じゃないのかな。ぼくはそう思っています。でもジャケットを着ていないとつまみ出されるレストランもあるそうですから、論文という「かたち」にこだわれ、という議論を否定するつもりはありません。

いまのところの問題は、教授になってから10年で行われる「教授10年評価」だなあ。おまえは遊んでばかりいて教授にふさわしくない！なんて評価にならないとよいのですが。いや、恐ろしい……。

本書は、産経新聞に連載中の「本郷和人の日本史ナナメ読み」のうち、前著『怪しい戦国史』（産経新聞出版）収録分以降の２０１８年６月７日～21年２月11日掲載分を加筆修正し、再構成したものです。本文の注は編集部によるものです。

装　丁　神長文夫＋柏田幸子
ＤＴＰ　荒川典久
カバー・帯写真　産経新聞社

本郷和人（ほんごう・かずと）

東京大学史料編纂所教授。1960年、東京都生まれ。東京大学文学部、同大学院で石井進氏、五味文彦氏に師事し日本中世史を学ぶ。専門は中世政治史、古文書学。博士（文学）。史料編纂所では『大日本史料 第五編』の編纂を担当。2016年、『現代語訳 吾妻鏡』（全巻17冊、吉川弘文館）で第70回毎日出版文化賞（企画部門）を五味氏らと受賞。著書に『中世朝廷訴訟の研究』（東京大学出版会）、『日本史のツボ』（文春新書）、『歴史のＩＦ（もしも）』（扶桑社新書）、『誤解だらけの明智光秀』（マガジンハウス）など多数。本書の姉妹編に『怪しい戦国史』『戦国武将の選択』（産経新聞出版）がある。

「違和感」の日本史

令和３年３月６日　第１刷発行

著　　者　本郷和人
発 行 者　皆川豪志
発 行 所　株式会社産経新聞出版
〒100-8077 東京都千代田区大手町1-7-2 産経新聞社８階
電話　03-3242-9930　FAX　03-3243-0573
発　　売　日本工業新聞社　電話　03-3243-0571（書籍営業）
印刷・製本　株式会社シナノ
電話　03-5911-3355

ISBN 978-4-8191-1396-0　C0021
